Católicos LGBTQ

Católicos LGBTQ

UNA GUÍA PARA PASTORAL INCLUSIVA

Yunuen Trujillo

Paulist Press
Nueva York / Mahwah, NJ

A menos que se indique lo contrario, las citas bíblicas contenidas en este documento son de la Nueva Versión Estándar Revisada: Edición Católica, Copyright © 1989 y 1993, por la División de Educación Cristiana del Consejo Nacional de las Iglesias de Cristo en los Estados Unidos de América. Usada con permiso. Todos los derechos son reservados.

Imagen de portada por Zaie / Shutterstock.com
Diseño de portada por Lynn Else
Diseño del libro por Lynn Else

Copyright © 2024 por Yunuen M. Trujillo-Jimenez

Traducido por Yunuen M. Trujillo-Jimenez

Todos los derechos son reservados. Ninguna parte de esta publicación puede ser reproducida, almacenada en un sistema de recuperación o transmitida de ninguna forma o por ningún medio, ya sea electrónico, mecánico, fotocopiado, grabado, escaneado o de otro modo, sin el permiso previo por escrito del Editor o la autorización mediante el pago de la tarifa correspondiente por copia al Copyright Clearance Center, Inc., www.copyright.com. Las solicitudes de permiso al Editor deben dirigirse al Departamento de Permisos, Paulist Press, permissions@paulistpress.com.

"Oración de los padres" en el Apéndice C compuesta por padres miembros del Ministerio Católico con Personas Lesbianas y Gay de la Arquidiócesis de Los Ángeles © 1996. Usado con permiso.

"You Know My Voice" compuesta por Lynette Aldapa de *Comunidad*, el ministerio con gays y lesbianas de la Parroquia St. Matthew, Long Beach, del Ministerio Católico con Personas Lesbianas y Gay de la Arquidiócesis de Los Ángeles © 1996. Usado con permiso.

Datos de catalogación en publicación de la Biblioteca del Congreso
Names: Trujillo, Yunuen, author.
Title: Católicos LGBTQ : una guía para pastoral inclusiva / Yunuen Trujillo ; traducido por Yunuen M. Trujillo-Jimenez.
Description: New York; Mahwah, NJ: Paulist Press, [2024] | Translation of: LGBTQ Catholics. | Includes bibliographical references. | Summary: "Católicos LGBTQ presents a guide to the different levels of ministry that can serve as a model and be replicated in parish communities around the world"—Provided by publisher.
Identifiers: LCCN 2024010263 (print) | LCCN 2024010264 (ebook) | ISBN 9780809157181 (pasta blanda) | ISBN 9780809188802 (ebook)
Subjects: LCSH: Church work with gay people–Catholic Church. | Church and minorities. | Sexual minorities—Religious life. | Catholic Church—Doctrines.
Classification: LCC BX1795.H66 T7818 2024 (print) | LCC BX1795.H66 (ebook) | DDC 259—dc23/eng/20240807

ISBN 978-0-8091-5718-1 (libro de bolsillo)
ISBN 978-0-8091-8880-2 (libro electrónico)

Publicado por Paulist Press
997 Macarthur Boulevard
Mahwah, Nueva Jersey 07430
www.paulistpress.com

Impreso y encuadernado en
los Estados Unidos de América

*Dios te ama, y te ama incondicionalmente.
Para todos los católicos LGBTQ a quienes no se les ha dicho esto con suficiente frecuencia, y para quienes escuchan esto por primera vez.*

ÍNDICE

Prólogo ix

Introducción xiii

1. La Necesidad Pastoral 1
2. El Católico LGBTQ 7
3. Creando Ministerios LGBTQ Inclusivos 15
4. Principios Básicos de la Doctrina de la Iglesia 45
5. Cuidado Pastoral 79
6. Tu Jornada de Discernimiento 85

Apéndice A: Historias de Católicos LGBTQ 99

Apéndice B: Ejemplos de Declaraciones de Misión/Visión 105

Apéndice C: Ejemplos de Oraciones 110

Notas 113

Bibliografía 121

PRÓLOGO

Durante más de cincuenta años me he dedicado a ministerio pastoral con católicos LGBTQ. En 1971, cuando me hice amiga de unos católicos gay en la Universidad de Pensilvania, mientras hacía mi trabajo de posgrado, escuché a innumerables católicos LGBTQ preguntar: "¿Por qué permanecer en esta Iglesia que no me quiere?" "¿Sería mejor si me uno a la Iglesia episcopal?" o "¿Debería desafiliarme de toda religión organizada y convertirme en una persona espiritual pero no religiosa?".

Debido a que la gracia de Dios me llevó a toparme con el ministerio lesbiana-gay, como se llamaba hace cincuenta años, yo también enfrenté situaciones difíciles con la Iglesia institucional, de modo que muchas personas me preguntaron: "¿Por qué te quedas en la Iglesia católica?". Para mí, católica de nacimiento, educada durante dieciocho años en instituciones católicas, miembro de una congregación religiosa de mujeres durante más de sesenta años, persona con una visión histórica de la religión y de las fuerzas del cambio, nunca ha habido duda alguna. La defensora y reformadora que hay en mí quiere ayudar a hacer de la Iglesia católica, a la que amo, una comunidad amorosa que siga el evangelio y los pasos de Jesús. La Iglesia católica es mi hogar espiritual.

A menudo he tenido, y sigo teniendo, desacuerdos con miembros de mi familia; a veces nuestros puntos de vista son totalmente opuestos. A pesar de esto, nunca podría renunciar

Católicos LGBTQ

a mi familia. Mi familia es mi herencia y mi primer hogar. Para bien o para mal, me ayudaron a convertirme en la persona que soy. Estos dos hogares—la familia y la Iglesia católica—son parte de mi fibra mística.

Esta pregunta, "¿Por qué permanecer en la Iglesia católica?", sigue presente en católicos LGBTQ hoy en día y se repite en este excelente libro. En algún momento de su propia historia, Yunuen Trujillo se hace la misma pregunta: "¿Por qué quedarse en la Iglesia?". Sí, comparado con hace cincuenta años, muchas cosas siguen siendo igual.

Pero mucho ha cambiado. El sitio web de New Ways Ministry enumera cientos de parroquias inclusivas en todo Estados Unidos, pero la mayoría no tiene ministerios de cuidado pastoral para/con católicos LGBTQ. ¡Estas parroquias, y miles de otras, necesitan este libro!

Católicos LGBTQ: Una Guía para Pastoral Inclusiva ayudará a los católicos a comenzar dichos ministerios en sus parroquias. Este libro es una guía católica que contiene todas las herramientas necesarias para esta misión. Ofrece definiciones, información para disipar mitos y estereotipos, modelos de ministerio pastoral, enseñanzas básicas de la Iglesia y mucho más. Me impresiona la espiritualidad de Yunuen Trujillo y la frecuencia con la que regresa una y otra vez a los fundamentos de la fe católica que se encuentran en los evangelios: el respeto, la compasión y el amor por todos los seres humanos, porque hemos sido creados a imagen y semejanza de Dios.

Sí, nuestras parroquias católicas necesitan ministerios para las personas LGBTQ y sus familias, y no solo para aquellos que se sienten marginados, sino también para los demás feligreses que están llamados a vivir la doctrina social de la Iglesia. Para ser verdaderamente católica, nuestra Iglesia necesita abrazar y dar la bienvenida a TODO el pueblo de Dios.

Y, por supuesto, el ministerio parroquial LGBTQ es muy necesario para que los católicos LGBTQ, que se han sentido

Prólogo

forasteros en su propia tierra, puedan sentir el amor y la calidez de ser miembros de su Iglesia. Solo entonces crearemos un hogar espiritual para que los católicos LGBTQ ya no se pregunten: "¿Por qué quedarse?".

Hna. Jeannine Gramick, SL

INTRODUCCIÓN

El concepto de pastoral LGBTQ inclusiva no es nuevo. Durante décadas, unos cuantos ministerios—*grupos católicos de acompañamiento pastoral*—en los Estados Unidos y otros países han estado trabajando arduamente para crear espacios de bienvenida en la Iglesia para los católicos LGBTQ. Algunos de estos ministerios han estado en buenos términos con la Iglesia institucional; otros se han visto inspirados a empujar más los límites. Independientemente, todos estos ministerios han brindado un lugar seguro, un oasis en el desierto para los católicos LGBTQ. Su presencia ha sido profética y fruto de la inspiración divina, la inspiración que Dios da a cada uno de los llamados a servir, y a servir en los márgenes.

Para el lector hispanohablante y/o latinoamericano, el término "ministerio" puede ser un término el cual no es comúnmente usado para referirse a grupos católicos de acompañamiento pastoral, ya sean parroquiales o a otros niveles. Sin embargo, para propósitos de este libro estos términos son usados intercambiablemente ya que la mayoría de los grupos mencionados aquí se han desarrollado en el contexto angloamericano, y se llaman a sí mismos "ministerios". Dependiendo del contexto en cada sección del libro, estos términos son usados intercambiablemente. Otros términos comúnmente usados son "pastoral de la diversidad sexual" o "pastoral diversa". Para mayor inclusión de personas transgénero, intersexuales, y otras , y para mayor especificidad, la recomendación es usar los términos "Ministerio LGBTQ o LGBTQ+" o "Pastoral LGBTQ o LGBTQ+".

Históricamente, algunos de estos ministerios han sido más públicos que otros sobre su misión pastoral, pero, en realidad, la mayoría de ellos no son conocidos por la población católica en general. Gran parte del trabajo que han realizado ha permanecido oculto y sin publicar. Parte de la sabiduría en el servicio que han acumulado a lo largo de los años se ha puesto por escrito, pero no hay mucho material que brinde guía general y comprensiva de pastoral LGBTQ. *En español, los materiales son aún más escasos.*

En los últimos años, al hacer declaraciones positivas sobre los católicos LGBTQ, el papa Francisco ha logrado algo muy simple. Rompió el silencio sobre un tema que a menudo se consideraba tabú e inició un diálogo y un proceso de discernimiento, planteando una pregunta a la Iglesia: ¿Cómo podemos servir, dar la bienvenida y ofrecer una atención pastoral inclusiva a los católicos LGBTQ y sus familias?

Los católicos LGBTQ ya no son invisibles. Si bien la Iglesia católica, tanto la institución como el pueblo de Dios, todavía tiene un largo camino por recorrer en este proceso de discernimiento, el diálogo sobre este tema ha comenzado y continuará. El Espíritu Santo, la *Ruah*, se está moviendo. Ella está inspirando el diálogo y ha inspirado este libro.

He tenido el privilegio de presentar talleres sobre este tema en parroquias, congresos regionales e incluso en el Congreso de Educación Religiosa de la Arquidiócesis de Los Ángeles, el Congreso Católico de su clase más grande del mundo. Al final de los talleres siempre hay alguien que dice: "¡Esto suena genial! Pero ¿cómo puedo ahora llevar esto a mi parroquia, a mi diócesis, a mi país, cuando no hay libros con este contenido, solo los talleres que se dan aquí?". Este libro es una respuesta a esa pregunta, a esa súplica.

Introducción

No todas las respuestas a las preguntas difíciles sobre este tema se encuentran aquí. (Dios sabe que todavía hay mucho que nosotros como humanos debemos desentrañar humildemente en el conocimiento de lo Divino y de la creación). Si acaso, este libro generará más preguntas, ya que está destinado a ser un iniciador de diálogo; es un comienzo, no un final. Este libro inicia un proceso de discernimiento. Como todo proceso de discernimiento, tanto personal como institucional, puede llevar años, pero debe comenzar ahora.

Durante años, los católicos LGBTQ han tenido que esconderse en el miedo y la angustia por temor a perder lo que es más sagrado para ellos: la comunidad católica y un espacio para profundizar su relación con Dios. A menudo, para evitar incomodar, los católicos LGBTQ han tenido que ser invisibles y han sufrido violencia y discriminación en el proceso. Somos un grupo vulnerable, y los grupos vulnerables deben estar al centro del evangelio.

Este libro no hubiera sido posible si no fuera por la sabiduría y la bondad de muchos que han compartido su experiencia en ministerio desinteresadamente durante muchos años. En particular, menciono los nombres del padre Chris Ponnet y el doctor Arthur Fitzmaurice, quienes recopilaron a lo largo de los años algunos de los documentos a los que se hace referencia aquí. *También quisiera agradecer a Mayra Cervantes, MAT, quien fue parte de la traducción de este libro al español.* Hay muchas otras personas que han sido fundamentales en la creación de este libro, mujeres y hombres asombrosos, que me han abierto puertas a lo largo del camino. Algunos de ellos y sus historias se mencionan en este libro. Finalmente, esto no hubiera sido posible sin el cuidado de mis directores espirituales y el amor incondicional de amigos y familiares.

Ojalái, este libro sea solo uno de los muchos más que en el futuro aborden el tema de pastoral LGBTQ inclusiva.

I
LA NECESIDAD PASTORAL

CUANDO UN HIJO "SALE DEL CLÓSET"

Martha Plascencia y Jenny Naughton se conocieron en 1991 mientras llevaban a sus respectivos hijos a las reuniones de Boy Scouts y se habían convertido en amigas cercanas. Ambas fueron maestras de confirmación en su parroquia en Diamond Bar, California, y a lo largo de los años han estado involucradas en varios ministerios. En 2005, sus respectivos mundos cambiaron cuando sus hijos salieron del clóset.

La respuesta de Martha y Jenny fue de mucha aceptación; amaban a sus hijos, y nada iba a cambiar eso. Sin embargo, al mismo tiempo, tenían muchas preguntas sobre cómo sería el futuro de sus hijos. Cada una de ellas se dio cuenta que tenían un camino largo por recorrer y que necesitaban acompañarse mutuamente en su jornada. Como madres con hijos LGBTQ, ahora tenían que pasar por una jornada de fe diferente a la de otros padres católicos. Aunque su parroquia tenía una variedad de grupos parroquiales, no había ninguno que atendiese de manera efectiva las necesidades específicas de los padres con hijos LGBTQ, ya que el tema en sí era tabú. Su comunidad parroquial, como suele ser el caso en muchas parroquias hoy en día,

Católicos LGBTQ

estaba mal equipada para acompañarlas en su jornada. Se dieron cuenta de la necesidad pastoral que no estaba siendo satisfecha.

Se dice que cuando un hijo o hija de cualquier edad "sale del clóset", los padres entran al clóset. Si bien la persona que sale del clóset ha tenido tiempo para discernir las preguntas difíciles que surgen al asumir y afirmar su orientación o identidad, los padres a menudo nunca han reflexionado sobre esas preguntas. Para los padres, el día que su hijo "sale del clóset" podría ser la primera vez que han pensado en esas preguntas difíciles; por lo cual no pueden o no quieren hablar sobre el tema, entran en negación o expresan una variedad de otras actitudes de aislamiento. Este tipo de reacciones no significa que los padres no amen a sus hijos, sino que están iniciando un largo proceso de discernimiento y no saben por dónde comenzar.

La preocupación más común de los padres es el bienestar y la seguridad física del hijo(a/e), seguida de la preocupación por la salvación del alma del hijo; estas preocupaciones son seguidas por otras preocupaciones sobre la seguridad y el bienestar de los propios padres, y pensamientos de culpa y miedo, así como tratar de determinar por *qué* su hijo es gay. Los padres a menudo se preguntan: "¿Mi hijo estará bien físicamente?" "¿Mi hija tendrá trabajo y estabilidad financiera?" "¿Qué dirá mi familia sobre mi hije?" "¿Qué dirán nuestros amigos de la Iglesia sobre mi hijo?" "¿Significa esto que tengo que elegir entre mi hija y la Iglesia?" "¿Seré ahora excluido de cualquier ministerio de la Iglesia?" "¿Qué dirá la gente sobre mí y mi capacidad para ser padre?" "¿Qué hice mal?" "¿Por qué Dios me está castigando?" "¿Por qué mi hijo es gay?" "¿Por qué no me dijo esto antes?" "¿Iré al cielo si mi hija es trans?".

Esas preguntas a menudo se expresan en forma de miedo, ira, negación y tristeza, entre otras expresiones. A veces, el miedo, la ira, la negación o la tristeza no se expresan en absoluto y se transmiten a través del silencio, un silencio largo, duro

La Necesidad Pastoral

y doloroso. Independientemente, estos sentimientos pueden separar a las familias.

Por otro lado, no todos los padres se sorprenden cuando sale su hijo del clóset. Muchos padres han sabido o sospechado que su hijo es *diferente* y se han enfrentado a sus miedos antes de tiempo. Cuando sale su hijo del clóset, esos padres ya se han tomado el tiempo para pensar en las preguntas difíciles y han pasado por el proceso de discernimiento con anticipación. En el mejor de los casos, la respuesta de los padres es positiva y afirma el amor de Dios: "Siempre te amaré. Siempre serás mi hijo".

Muchos catequistas y ministros laicos están experimentando situaciones como esta con más frecuencia de lo que están dispuestos a admitir. Se hacen estas mismas preguntas después de que un ser querido (su hijo, su nieto, un hermano o un amigo de la familia) sale del armario, y están pasando por estos procesos en silencio y solos, sintiéndose divididos entre su amor por su hijo y su Iglesia. Estas personas, parte del Cuerpo de Cristo, nuestra Iglesia, están sufriendo y no tienen a dónde acudir, ninguna comunidad dentro de la Iglesia donde puedan ser honestos sobre su jornada sin ser criticados o juzgados. A menudo, el primer instinto es hablar con un sacerdote en confesión, pero los padres con hijos católicos LGBTQ no tienen una comunidad en la que puedan caminar juntos incondicionalmente en su camino de fe y discernimiento.

LA PERSONA LGBTQ

Por supuesto, no debemos olvidarnos de la otra parte del Cuerpo de Cristo, nuestra Iglesia, que está sufriendo: la persona LGBTQ. Poco después de que salí del clóset y le conté a mi párroco en el 2015, él me presentó a Irma y a otra feligresa LGBTQ, para que las tres pudiéramos hacer comunidad entre nosotras. Él nos llamaba la "Santísima Trinidad", un apodo que ciertamente nos gustó.

Irma había sido estudiante de una escuela católica desde kínder hasta la preparatoria. Para usar sus propias palabras, ella era "el molde perfecto" de una buena educación católica, pero ella era mucho más que eso. Ella realmente era, y es, una católica de corazón, un alma amable, amorosa y generosa. Sin embargo, poco después de su salida del clóset, las cosas cambiaron. La comunidad que la vio crecer—la comunidad en la que había confiado y que creía que siempre estaría ahí para ella—entró en conflicto al reconciliar su amor por ella con lo que creían que era la respuesta "correcta" que la Iglesia requería de ellos. Algunos de sus amigos más cercanos la abandonaron e insistieron en que tenían que decirle la "verdad". Otros simplemente se distanciaron. Su mejor amiga dejó de hablarle y muchos otros la juzgaron. Ella sabía que era "diferente" desde los cinco años y seguía siendo la misma persona—una persona amable, amorosa y generosa—que había sido antes de salir del armario, pero algo había cambiado dolorosamente. Sus padres, que la amaban profundamente, también lucharon por reconciliar los sueños que habían imaginado para ella con su nueva realidad.

Irma terminó asistiendo a una buena universidad católica lejos de casa y recientemente se graduó de la universidad. Todavía es católica, pero sabe que nada que ella pueda hacer volverá a ponerla en ese "pedestal" en que la gente le tenía cuando estaba en la preparatoria, aunque sigue siendo la misma persona, y tal vez ahora incluso una mejor persona. Ella sabe que su familia la quiere. Su esperanza es que algún día sus acciones hablen por sí mismas. Ella cree que ser una verdadera católica no debería alejarla de vivir una vida feliz, amable, satisfactoria y amorosa, y que la gente reconocerá lo bueno que hay en ella. También se ha dado cuenta del dolor que le ha causado todo lo sucedido y aún se está recuperando del dolor causado por la Iglesia, el Pueblo de Dios,

La Necesidad Pastoral

pero tiene la esperanza de que algún día los que la aman y los que la abandonaron la acepten tal como es.

Durante gran parte de mi vida, he servido en grupos de pastoral con jóvenes adultos, y he servido en ministerio católico LGBTQ durante más de 7 años. Como laica en ministerio, he escuchado cientos de historias desgarradoras que involucran a personas LGBTQ. Estas historias desgarradoras incluyen historias de rechazo familiar y comunitario, violencia, intimidación, intentos de suicidio, depresión, abuso y discriminación en el trabajo, problemas de vivienda y pobreza. No hay nada más desgarrador que darse cuenta de que muchas de estas historias dolorosas comienzan con una historia de rechazo por parte de un católico que sirve en la Iglesia (laico u ordenado), un miembro de la familia muy involucrado en la Iglesia o cualquier otra persona que dice hablar en nombre de Dios. Estas historias dañan lo más puro del ser humano: el alma y el deseo de cercanía con Dios.

Desmond Tutu dijo una vez: "Una persona es una persona a través de otras personas; no se puede ser humano en aislamiento; se es humano solo a través de nuestras relaciones [personales]". Cuando la persona LGBTQ es rechazada, marginada y excluida de la comunidad más sagrada que un ser humano puede tener, la familia, es devastador y deshumanizador. Pero cuando el rechazo es de parte de la comunidad de la Iglesia o de alguien que dice hablar en nombre de Dios, esto no solo hiere nuestras fibras humanas más profundas, sino que nos roba de nuestra propia dignidad como hijos de Dios. Es la peor forma de violencia porque hiere el alma.

En consecuencia, muchas personas LGBTQ se van de la Iglesia porque es demasiado doloroso ser invisibles, ser tratados como si fuéramos menos que una persona completa y no sentirnos parte de la comunidad. Pero también muchos de nosotros seguimos en la Iglesia. Todos somos parte del Cuerpo de Cristo.

2
EL CATÓLICO LGBTQ

Soy una católica LGBTQ. Muchas personas me han preguntado en el pasado por qué elijo referirme a mí misma como una "católica LGBTQ" en lugar de "homosexual", o persona con *"atracción por el mismo sexo"*, o algún otro término que la Iglesia generalmente usa. Elijo referirme a mí misma como católica LGBTQ porque este término reconoce mi humanidad plena, enfocándose en el hecho de que soy ante todo una persona, una hija de Dios, que se adhiere a la fe católica, una persona con una vida y anhelo espiritual.

¿SABÍAS QUÉ?

"LGBT" significa lesbiana, gay, bisexual y transgénero, y es parte del acrónimo un poco más largo: LGBTQIA+. La "Q" puede significar Cuestionamiento (alguien que todavía está en su proceso de discernimiento de su orientación o identidad), o "Queer", un término general o término "sombrilla", que abarca a alguien que no es heterosexual pero que prefiere usar este término para no ser juzgado, para evitar ideas preconcebidas o prejuicios. La "I" significa

Católicos LGBTQ

intersexual (un pequeño grupo de personas nacidas con una variación cuantificable en sus cromosomas que resulta en genitales ambiguos u otras características físicas que generalmente definen al "hombre" o "mujer" biológicos), y la "A" significa asexual (personas que no tienen ningún sentimiento sexual o atracción sexual hacia los demás). Es muy importante que las comunidades católicas entiendan estos términos para evitar tratar a alguien con prejuicios por no saber lo que significan estos términos. Para propósitos de este libro, el término LGBTQ incluye a todas las personas mencionadas anteriormente: LGBTQIA+.

Al mismo tiempo, el término "católica LGBTQ" indica que soy marginada debido a mi orientación sexual o mi identidad. Las personas que no están familiarizadas con el término LGBTQ a menudo se sienten incómodas al usar un término tan general porque necesitan saber exactamente "lo que soy", porque las personas usualmente tienen la necesidad de etiquetar al *otro* para diferenciarse. Sin embargo, en la mayoría de los casos las etiquetas vienen con prejuicios e ideas preconcebidas que no representan quiénes somos en realidad. Es mi esperanza que este libro ayude a las personas a ver a la persona que tienen delante, el católico, sin necesidad de una etiqueta, y dejar de lado sus prejuicios para que podamos ver a la persona real.

EVITANDO ESTEREOTIPOS

Los católicos LGBTQ siempre han estado, están y seguirán estando presentes en la Iglesia, en todos los niveles de vida eclesial. No somos una "fuerza externa" que amenaza con profanar la pureza de la Iglesia; más bien, somos parte de la Iglesia. Hay muchos estereotipos sobre los católicos LGBTQ, pero es solo a través del encuentro con uno que se puede aprender quién realmente es esa persona.

En primer lugar, existe el mito, por ejemplo, de que las personas LGBTQ no estamos interesadas en la religión, la comunidad eclesiástica o incluso en Dios, que *"no se puede ser católico y gay"*. De hecho, las personas LGBTQ, al igual que todos los demás, tenemos un profundo deseo de conectarnos con la fuente de la vida, a quien identificamos con mayor frecuencia como amor o simplemente Dios. Dios, fuente de todo amor, nos llama constantemente a vivir una vida más genuina y fructífera. Deseamos encontrar comunidad en la Iglesia, un espacio donde podamos continuar relacionándonos con Dios, independientemente de los resultados de nuestro proceso de discernimiento. Algunos de nosotros encontramos comunidad y nos quedamos en la Iglesia, pero a menudo ese espacio de bienvenida no existe. Frecuentemente, la Iglesia es un espacio emocionalmente poco saludable para los católicos LGBTQ. Debido a que la necesidad de pastoral no es satisfecha, muchos católicos LGBTQ abandonan la Iglesia. Algunos encuentran espacios espirituales en otras tradiciones religiosas o prácticas filosóficas; otros están tan heridos por el rechazo de alguien que representó la religión o Dios en su vida que prefieren alejarse de cualquier cosa que se parezca a la religión. Sin embargo, Dios continúa llamándonos dondequiera que vayamos.

Los que se quedan, sin embargo, están en todas partes: somos feligreses que nos sentamos en las bancas todos los domingos; somos miembros del coro que guiamos a los demás en cánticos de adoración; somos catequistas que ayudan a otros a conocer los fundamentos de la fe; somos líderes en grupos de oración y ministros eucarísticos; somos niños en los programas de educación religiosa y jóvenes en escuelas católicas;

Católicos LGBTQ

somos empleados parroquiales; somos también sacerdotes, religiosas y hermanos en todos los niveles de la vida eclesial. Ciertamente has conocido a uno o más católicos LGBTQ durante tu tiempo en la Iglesia. Tal vez somos personas a las que estimas profundamente y posiblemente incluso nos admires por nuestra fe. Muchos católicos LGBTQ eligen no compartir esta información, al menos no aún, porque no sentimos que estamos en un lugar seguro o porque todavía estamos en un proceso de discernimiento o negación. Tal vez algunos de nosotros todavía no hemos descubierto la verdad sobre nosotros mismos. Sin embargo, el hecho de que no nos veamos o actuemos de la manera que crees que se supone que debemos vernos o actuar, no significa que no existamos.

En segundo lugar, cada uno de nosotros puede elegir una terminología diferente para identificarse, pero el hecho de que usemos un término específico no significa que debamos ser estereotipados. Por ejemplo, el hecho de que algunos de nosotros elijamos identificarnos como homosexuales, lesbianas, bisexuales o transgénero no significa que seamos promiscuos o incluso sexualmente activos en un momento dado. Además, el hecho de que algunos de nosotros podamos identificarnos como "personas con atracción por el mismo sexo", no significa que estemos reprimidos o lavados de cerebro ni que seamos mejores o peores que otra persona. Cada uno de nosotros tiene una comprensión diferente y/o nivel de comodidad con una palabra o terminología específica y cada uno tiene una jornada diferente que no puede ser estereotipada. Todos estamos pasando por un proceso de auto-discernimiento en nuestro camino espiritual.

En mi tiempo ministrando, he aprendido a reconocer y respetar el camino del otro siempre que sea posible y evitar los estereotipos. He conocido a católicos LGBTQ que aún están en proceso de cuestionamiento (o discernimiento) de su orientación e identidad y qué tan públicas quieren que estas sean. También he conocido a algunos católicos LGBTQ que están discerniendo una vocación religiosa, otros que son solteros y se sienten llamados a abstenerse de tener relaciones sexuales y otros que se sienten llamados a encontrar una pareja para toda la vida. He conocido a católicos LGBTQ que buscan a su "alma gemela" a través del noviazgo y otros que ya tienen una pareja a la que son fieles. He conocido a católicos LGBTQ ordenados que han hecho un voto de celibato el cual honran y aprecian. He conocido algunos católicos LGBTQ, que son asexuales y simplemente no están interesados en tener relaciones sexuales, y otros, que no son asexuales, pero están interesados en tener una pareja por la compañía y la conexión emocional, más que sexual. Finalmente, he conocido a algunos católicos LGBTQ cuyas metas y autocomprensión han cambiado con el tiempo.

En otras palabras, todos somos diferentes y cada uno de nosotros tiene su propia experiencia vivida e historia que contar. La persona LGBTQ es mucho más que una simple orientación o identidad. Poseemos un anhelo espiritual, con metas y sueños de vida, con virtudes y defectos, con dones y talentos dados por Dios, con capacidad de autoconocimiento y autodeterminación, con intereses y necesidades más allá de la orientación sexual e identidad, y con comidas y artistas favoritos; somos tan complejos, variados, amados y santos como cualquier otro ser humano hecho a imagen de Dios, *imago Dei*, y nacidos en comunidad con una dignidad que debe ser respetada. Algunos católicos LGBTQ han sufrido inimaginablemente, pero se esfuerzan por ser la mejor persona posible con los recursos que tienen a su disposición, caminando su propia jornada espiritual, a veces solos y otras veces en comunidad. Por estas razones, no hay lugar para los estereotipos.

Católicos LGBTQ

EL CLERO CATÓLICO LGBTQ

Para aquellos católicos LGBTQ ordenados, que hicieron una promesa de celibato, y para aquellas hermanas y hermanos religiosos en varios niveles de la vida eclesial, a menudo es aún más difícil hablar en público u ofrecer una autorreflexión sobre este tema, porque existe el temor de ser mal entendidos o juzgados. Hace un par de años, conocí a un sacerdote que estaba de visita desde el extranjero. Ambos éramos oradores en el Congreso anual de Educación Religiosa de la Arquidiócesis de Los Ángeles y estábamos platicando en el salón de oradores. Mientras le explicaba el ministerio que hago, me comentó: "Es muy bueno que una laica esté hablando de este tema. Necesitamos laicos, porque a nosotros los sacerdotes nos cuesta más hablar de eso".

He conocido a algunos sacerdotes célibes muy santos y dedicados, que son católicos LGBTQ. Por supuesto, no le dicen a nadie que son LGBTQ, y ¿por qué debería importar? A menudo es mejor no decirlo. Además de responder a un llamado a la castidad como todas las personas, heterosexuales y homosexuales, los sacerdotes también hacen voto de celibato. Entonces, ¿por qué debería importar? Sin embargo, estos sacerdotes muy santos y dedicados a menudo tienen miedo de compartir su historia debido a conceptos erróneos y prejuicios.

LA PEDOFILIA

Un concepto erróneo muy común es la identificación de ser gay con ser un pedófilo. El abuso sexual de niños es un delito que debe ser eliminado en todos los círculos donde se presente; particularmente en la Iglesia, que es un lugar donde las personas vulnerables deben ser aún más protegidas. Los fracasos pasados de la Iglesia para abordar adecuadamente los casos de abuso sexual infantil han creado un efecto dominó que es contrario al evangelio y que continuará alejando a las personas de la Iglesia hasta que se solucione por completo. Sin embargo, hay que señalar que la pedofilia está presente en adultos de todas las razas y orientaciones sexuales.

En los últimos años, he tenido el gusto de impartir una clase en español sobre Doctrina Social de la Iglesia como parte del curso de formación básica de la Pastoral Juvenil de la Arquidiócesis de Los Ángeles. En los últimos años, he incluido el tema del abuso de menores y la siguiente actividad, siempre con resultados muy similares. Primero, les pido a los asistentes que cierren los ojos. En segundo lugar, les pido a las personas que levanten la mano, con los ojos cerrados, si conocen a alguien en su familia extensa que fue tocado de manera inapropiada cuando era niño o niña y/o abusado por otro miembro de la familia. Casi siempre, varias personas suben la mano, por lo general cerca del cincuenta por ciento. Después, con los ojos aún cerrados, les pido a las personas que mantengan la mano en alto si el abusador en esa situación era un familiar heterosexual. La mayoría de la gente mantiene sus manos arriba.

Si bien los resultados de esta actividad son más empíricos que científicos, siempre me llaman la atención dos cosas. Primero, el problema de la pedofilia no solo es más común de lo que la mayoría de la gente piensa, sino que prevalece en muchas familias extensas. Sin embargo, parece que la mayoría de las mujeres son las que se dan cuenta o las que están dispuestas a reconocerlo o hablar de ello, ya que la mayoría de las personas que levantan la mano durante este ejercicio tienden a ser mujeres. Tal vez sus propias madres les advirtieron sobre un miembro de la familia específico que era un abusador o tal vez simplemente se enteraron por su cuenta. Esto no quiere decir que los hombres no sean también víctimas; simplemente los hombres parecen estar menos dispuestos a hablar de ello, lo que hace que otros hombres no se den cuenta. En segundo lugar, los pedófilos son de todas las orientaciones sexuales al igual que las víctimas de la pedofilia. Cualquier obispo o sacerdote que esté lo suficientemente cerca de su comunidad—el Cuerpo de Cristo—para escuchar las dolorosas historias de abuso en la familia durante confesión, sabrá que el abuso infantil es un problema persistente que ocurre en las familias y que los pedófilos son personas de todas las orientaciones sexuales.

Dentro de la Iglesia, el abuso sexual infantil tiene sus propias características que son diferentes a las de una familia, pero los elementos básicos de la pedofilia siguen siendo los mismos. Mientras los sacerdotes pedófilos y los partidarios del clericalismo continúen utilizando a los sacerdotes LGBTQ como chivos expiatorios, el problema del abuso sexual infantil por parte del clero nunca se resolverá. Recordemos que la doctrina católica sobre la homosexualidad no ve la orientación homosexual en sí como un pecado. A pesar de esto, los sacerdotes homosexuales en la Iglesia católica que son célibes y castos continúan temiendo el juicio y, a menudo, no pueden defenderse, porque los líderes de nuestra Iglesia no han hablado con suficiente frecuencia sobre los dones y regalos dados por Dios a las personas gay y lesbianas o sobre la dignidad humana con la que nacemos solo por ser hijos de Dios. Además, nuestros líderes eclesiales a menudo no logran diferenciar entre una orientación sexual homosexual y la pedofilia, y confunden ambas. Ojalá que podamos superar este mito. Debemos dejar de confundir una orientación o identidad LGBT con la pedofilia si queremos ser fieles a nuestra misión católica.[1] La pedofilia no tiene cabida en la Iglesia independientemente de la raza, orientación, identidad, rango o cualquier otra característica diferenciadora.

3
CREANDO MINISTERIOS LGBTQ INCLUSIVOS[*]

Cada vez que doy un taller sobre ministerio o cuidado pastoral a personas LGBTQ en los Congresos de Educación Religiosa, escucho historias desgarradoras. Los catequistas y otros laicos que han ministrado o servido en la Iglesia durante muchos años vienen a mí frecuentemente en busca de orientación y comunidad, después de que alguien que aman ha salido del armario. A menudo sugiero que lean "Siempre Serán Nuestros Hijos", una carta pastoral escrita por la Conferencia Episcopal de los Estados Unidos (USCCB) en 1997.[1] La Carta Pastoral dice: "Este hijo, que es un regalo de Dios para ustedes, ahora es la causa de otro regalo: que su familia se convierta en una familia más honesta, respetuosa y amorosa". Tu hijo siempre será tu hijo, nada podrá cambiar eso, tu hijo también es un hijo de Dios.

---

[*] Para el lector hispanohablante y latinoamericano, el término "ministerio" puede ser un término el cual no es comúnmente usado para referirse a grupos católicos de acompañamiento pastoral (es decir, grupos de pastoral) ya sean parroquiales o a otros niveles. Sin embargo, para propósitos de este libro estos términos son usados intercambiablemente ya que la mayoría de los grupos mencionados aquí se han desarrollado en el contexto angloamericano, y se llaman a sí mismos "ministerios". Dependiendo del contexto en cada sección del libro, estos términos se usan intercambiablemente. Otros términos comúnmente usados son "pastoral de la diversidad sexual" o "pastoral diversa". Para mayor inclusión de nuestros hermanos transgénero, intersex, y otros, la recomendación es usar los términos Ministerio LGBTQ o LGBTQ+" o "Pastoral LGBTQ o LGBTQ+.

Católicos LGBTQ

Si bien esta carta pastoral es útil para los padres, lo que los padres con hijos LGBTQ necesitan, más que una carta, es un espacio donde puedan acompañarse mutua e incondicionalmente en su jornada. Recordando las experiencias de Martha y Jenny del primer capítulo, después de que sus hijos salieron del armario, ellas no tuvieron a dónde acudir en busca de orientación y comunidad. Cuando vieron la necesidad pastoral, decidieron crear un grupo de apoyo para padres con hijos LGBTQ en su parroquia. Este ministerio parroquial, *Siempre Serán Nuestros Hijos*, llamado igual que la carta pastoral, ha evolucionado desde que comenzó y ha dado origen a un nuevo ministerio parroquial que ahora se llama *Sin Barreras a Cristo*.

Los católicos LGBTQ también hemos comenzado a crear nuestros propios espacios seguros en las comunidades parroquiales. Cynthia es feligresa de mi parroquia y católica LGBTQ y, junto con Irma y conmigo, es la tercera persona de nuestra "santísima trinidad". Cynthia es una católica ejemplar que estuvo discerniendo la vida religiosa hasta que una religiosa le dijo, por error, que no podía ser religiosa si era gay. Esta fue una noticia desgarradora para ella. Cynthia dejó de discernir la vida religiosa y decidió iniciar un ministerio parroquial para católicos LGBTQ llamado Ágape. Sin embargo, fue muy difícil para ella encontrar recursos sobre cómo iniciar dicho grupo. A pesar de la falta de recursos, ella creó un ministerio maravilloso, vibrante y bien organizado. Si bien su trabajo fue verdaderamente admirable y fue totalmente apoyado por nuestro párroco, ciertas personas en la comunidad parroquial se opusieron y algunos de los amigos de Cynthia se distanciaron de ella. Desde entonces, Cynthia se ha separado de la Iglesia, pero el ministerio sobrevivió y se ha convertido en su legado; ha traído sanación y ha creado un espacio de bienvenida para otros.

En general, los ministerios parroquiales LGBTQ se pueden caracterizar como grupos de pastoral por y para padres de católicos LGBTQ (como el ministerio de Martha y Jenny *Siempre*

Serán Nuestros Hijos) o como grupos de pastoral por y para personas LGBTQ (como el ministerio de Cynthia *Ágape*). En la práctica, sin embargo, los padres y las personas LGBTQ son bienvenidos en ambos. Cuando salí del armario en el año 2014, comencé a asistir a las reuniones del ministerio para padres de Martha y Jenny. Aunque la mayoría de las personas eran padres de católicos LGBTQ y el grupo estaba destinado a padres, me recibieron, me escucharon con paciencia y me permitieron llorar con ellos. Al escuchar sus experiencias como padres, pude yo comprender mejor a mi propia familia y su jornada. Al escuchar mi experiencia como católica LGBTQ, espero que también ellos hayan podido comprender mejor a sus hijos. Estos padres me pidieron que me quedara en la Iglesia y que sirviera a la comunidad LGBTQ con ellos. De hecho, yo no estaría aquí si no hubiera sido por ellos. Por lo tanto, si bien podemos categorizar nuestros ministerios como grupos de pastoral para padres de católicos LGBTQ o grupos de pastoral para personas LGBTQ, todos son bienvenidos en ambos.

Hay muchos desafíos en la creación de un ministerio parroquial para padres de católicos LGBTQ y/o un ministerio parroquial para personas LGBTQ. El primer desafío es el hecho de que hay muy pocos recursos centralizados que ofrezcan orientación básica sobre pastoral inclusiva LGBTQ, y que respondan preguntas como los tipos de grupos que se pueden crear, cómo crearlos, su propósito y misión, los desafíos más comunes y cómo superarlos, entre otras cosas.

Al responder a estas preguntas, este capítulo se centrará en los ministerios parroquiales y otras cinco categorías importantes de ministerio: diocesano/arquidiocesano, órdenes religiosas, educación superior católica, ministerios nacionales y ministerios internacionales. Si bien éste no es un estudio exhaustivo de todas estas categorías de grupos de pastoral y/o los desafíos que enfrentan, este capítulo presentará una variedad de experiencias, mejores prácticas y consejos. Muchos de

Católicos LGBTQ

los ejemplos son de ministerios con sede en los Estados Unidos, pero algunos son de personas del extranjero donde se pueden encontrar las mismas categorías generales de ministerio.

MINISTERIO PARROQUIAL

Propósito y Misión

Los grupos de pastoral LGBTQ parroquiales son grupos de base porque tienen el contacto más directo con el Pueblo de Dios y con su vida cotidiana. Estos grupos suelen ser el espacio más cercano para aquellos que están pasando por una crisis, por lo tanto, se enfocan en servir directamente a los católicos LGBTQ y/o a sus padres o familias.

Cuidado Pastoral

El propósito y la misión de nuestros ministerios siempre debe centrarse en el cuidado pastoral. El cuidado pastoral conlleva ser compañeros de viaje. El padre Raniero Alessandrini, CS, señala: "A lo largo de los siglos, los líderes en la comunidad han proveído cuidado, apoyo y orientación durante crisis y pérdidas personales". El proceso de salir del armario está lleno de momentos de crisis y pérdidas personales porque a menudo desencadena una crisis en la familia. Esta crisis afecta tanto a los padres como al hijo LGBTQ. Para aquellos que han trabajado en el ministerio LGBTQ, sabemos que la cantidad de dolor y angustia y el potencial de separación familiar debido a esta crisis es alto. En consecuencia, el propósito principal de cualquier ministerio LGBTQ es atender a ese dolor y acompañar a esta parte del Cuerpo de Cristo en su jornada y proceso.

Así como las heridas en una emergencia médica son evaluadas y clasificadas, atendiendo primero las más urgentes, la atención pastoral efectiva durante esta etapa debe centrarse en el dolor de la persona; en *escuchar a la persona* que viene al ministerio y en abstenerse de intentar enseñar doctrina de la Iglesia, a menos que la persona que busca ayuda y apoyo haya hecho una consulta específica al respecto.

Después de esta etapa inicial, los católicos LGBTQ y sus padres aún deben pasar por un proceso de discernimiento continuo y de por vida que incluye aprender a relacionarse con Dios y consigo mismos en función de esta nueva realidad. Por lo tanto, ofrecer un *espacio seguro* para el discernimiento es otro papel importante del cuidado pastoral. Todos nosotros, gay y heterosexuales, debemos discernir constantemente una multitud de preguntas sobre nosotros mismos, nuestras vidas, sobre Dios, nuestras vocaciones, nuestras carreras, nuestros miedos y nuestras metas y sueños. Sin embargo, la persona LGBTQ a menudo es excluida de tal proceso de discernimiento en la Iglesia, a menudo a la persona LGBTQ se le dice qué hacer con su vida—qué "vocación" es posible—y se le reduce a solo un aspecto de su ser.

Como persona LGBTQ, puedo dar testimonio de que este proceso de discernimiento de vocación personal es sumamente importante. Sin tal discernimiento, es fácil basar los cimientos de nuestra vida en los temores, en lugar de cimentar nuestra vida en el llamado propio. Gracias a mi propio proceso de discernimiento de vocación personal, tengo una base sólida y una profunda fe y amor por Jesús, lo que me ha ayudado a continuar en su Iglesia a pesar de todo el dolor que he experimentado en ella. Crear espacios seguros para el discernimiento de la vocación personal es un papel muy importante del cuidado pastoral.

A menudo, los mejores compañeros en nuestra jornada de fe son personas que ya han pasado por esa jornada: católicos LGBTQ que acompañan a otros católicos LGBTQ y padres que acompañan a otros padres. Sin embargo, alentamos a todos los laicos y ministros ordenados a aprender más sobre la jornada de los católicos LGBTQ y de sus padres, en su papel de aliados.

Inclusión

Debido a que nuestros ministerios son inclusivos, el cuidado pastoral que ofrecemos no está condicionado a un cierto estado civil o a la ausencia de relaciones románticas de una persona. Todas las personas son bienvenidas en nuestros ministerios y sus procesos de discernimiento de vocación personal son alentados y respetados sin importar el resultado. Nuestro propósito no es adoctrinar, sino acompañar, guiar y ofrecer un espacio seguro de discernimiento junto a Jesús. Si bien las discusiones sobre la doctrina de la Iglesia y la formación en la fe son comunes en nuestros ministerios, ellas se dan desde un lugar de respeto por la experiencia vivida de la persona LGBTQ y con una apertura al mensaje del Espíritu Santo y los signos de los tiempos.

Por lo tanto, para poder ofrecer cuidado pastoral efectivo a grupos marginados, tres principios de cuidado pastoral son extremadamente útiles: escucha, encuentro y acompañamiento. Si bien estos tres aspectos se analizarán con más profundidad en el capítulo 5, el siguiente es un resumen de cómo se aplican en ministerio LGBTQ:

Ser Iglesia que Escucha. El ministerio LGBTQ proporciona espacios seguros donde todos *escuchamos* y aprendemos de la experiencia vivida de cada uno, sin juzgar. Escuchamos para aprender, no para "responder" o "arreglar un problema" o "dar un consejo". También nos guiamos los unos a otros en nuestra jornada de fe, basados en nuestra propia experiencia vivida y, sobre todo, basados en Jesús y el evangelio del amor. Encontramos nuestra fuerza en la oración y la comunidad y nos apoyamos en documentos pastorales, como la carta pastoral "Siempre

Serán Nuestros Hijos". También invitamos y animamos a nuestros párrocos a unirse a nuestras sesiones de escucha.

Ser Iglesia de Encuentro. El ministerio LGBTQ proporciona espacios seguros donde podemos tener un encuentro los unos con los otros, exactamente en donde estamos en nuestra jornada espiritual y de vida, no donde otros piensan que deberíamos estar. Esto es muy importante porque las personas que vienen a nuestro ministerio provienen de diferentes experiencias de vida, por lo que debemos tener ese encuentro exactamente como somos. Todos son bienvenidos, incondicionalmente.

Ser Iglesia de Acompañamiento. El ministerio LGBTQ brinda espacios seguros donde podemos *acompañarnos los* unos a los otros en nuestras diferentes, aunque similares, jornadas de fe; sin importar en qué parte de la jornada estamos. En otras palabras, el cuidado pastoral debe ser inclusivo y afirmativo.[2]

Finalmente, un propósito poco hablado pero implícito del ministerio LGBTQ es siempre el crecimiento espiritual y una profundización de la fe basándonos en nuestras experiencias vividas. La cantidad de tiempo y recursos dedicados a las diferentes técnicas de crecimiento espiritual depende del modelo de ministerio que sigue cada grupo de pastoral.

MODELOS DE MINISTERIO PARROQUIAL

Hay dos modelos de ministerio parroquial: el modelo de grupo de apoyo y el modelo de evangelización. En mi experiencia, la mayoría de los ministerios de padres siguen un *modelo de grupo de apoyo*, mientras que los ministerios LGBTQ siguen ya sea el *modelo de grupo de apoyo* o un *modelo de evangelización*. Cada modelo viene con sus propios desafíos y ventajas que los líderes del grupo deben analizar antes de decidir cuál seguir.

Modelo de Grupo de Apoyo

El modelo de grupo de apoyo es el modelo más simple y, a veces, el más efectivo para ofrecer atención pastoral.

Características

Los grupos de apoyo generalmente se reúnen una vez al mes en la parroquia o en un lugar privado. Cuando Martha y Jenny comenzaron su ministerio de padres, lo publicaron en el boletín parroquial: *"Esperamos verlos a las siete de la tarde en el Salón B"*. A esa primera reunión, nadie se presentó. Después de preguntarse el por qué, decidieron hacer las reuniones en una de sus casas en lugar de la parroquia. Al mes siguiente, el boletín parroquial anunció: *"Esperamos verlos este día a las siete de la tarde, llame al número de teléfono X para obtener más información"*. En esa segunda reunión, se presentó gente de su parroquia. Cuando se les preguntó por qué no se habían presentado el mes anterior, las personas dijeron que tenían miedo de que otros en la comunidad parroquial los vieran entrando a una reunión del ministerio gay y supieran que uno de sus seres queridos es gay. Si bien los grupos de apoyo pueden reunirse en la parroquia o en casa de algún miembro, los grupos de apoyo que se reúnen en lugares privados tienden a tener más éxito por este motivo.

Independientemente de la ubicación, el formato del grupo de apoyo es simple. Todos se sientan en círculo uno frente al otro, y el grupo suele comenzar con una oración o una breve reflexión sobre el evangelio. Inmediatamente después de la oración y la reflexión, alguien, generalmente uno de los líderes del ministerio, comparte su historia, ya sea una historia de salida del armario o historia de padres. Luego, la siguiente persona a la derecha o izquierda de ese primer orador cuenta su historia y así sucesivamente hasta que todos en el círculo hayan tenido la oportunidad de hablar. Si bien todos tienen un espacio para compartir, se les da más tiempo a aquellos que están allí por primera vez, ya que tienden a ser los que están en crisis activa y pueden necesitar más tiempo para compartir su historia. Todos escuchan sin juzgar y siguiendo los principios de atención pastoral descritos anteriormente: ser una Iglesia que escucha, una Iglesia de encuentro y una Iglesia de acompañamiento. A menudo, los miembros que han estado allí por más tiempo dedican menos tiempo a contar su propia historia para que los nuevos miembros que vienen afligidos tengan más tiempo para hablar. Las reuniones suelen durar alrededor de una hora y media. Al final, los líderes del ministerio cierran con una oración y se da por terminada la reunión. Los líderes a menudo traen café o galletas para compartir al final de la reunión, lo que permite que las personas platiquen al final y se establezca una amistad.

Ventajas

La mayor ventaja del modelo de grupo de apoyo es que requiere pocos recursos y es más fácil de dirigir y organizar. Por lo general, las reuniones son mensuales y no requieren esfuerzos de planificación exhaustivos. El mayor esfuerzo consiste en planificar una reflexión de apertura y encontrar oraciones que reflejen la experiencia vivida de los miembros. También es importante que los líderes estén al tanto de cualquier noticia que afecte a las personas LGBTQ que deba ser comentada o procesada durante la reunión.[3]

Desventajas

La mayor desventaja es que este modelo no es el mejor si uno quiere que el ministerio crezca en números. En otras palabras, las personas que vienen afligidas suelen asistir a las reuniones una o dos veces, pero una vez que pasa la crisis, esas personas suelen dejar de asistir. Una de las razones por las que dejan de asistir es porque estos ministerios inclusivos tienden a ser poco comunes, por lo que las personas a menudo deben viajar largas distancias a parroquias lejanas para asistir a ellos. Con algunas excepciones, es menos probable que las personas recorran largas distancias una vez que ya ha pasado la crisis. Por lo tanto, estos ministerios suelen ser ministerios pequeños de cinco a diez asistentes regulares.

Otro factor es que una reunión mensual a veces puede ser una desventaja, especialmente para aquellos que realmente necesitan comunidad. Para construir comunidad, se recomienda que estos ministerios LGBTQ planifiquen eventos sociales u otras actividades además de su reunión mensual.

¿SABÍAS QUÉ?

> Los párrocos deben ser conscientes de que estos ministerios tienden a ser más pequeños. Cuando Cynthia comenzó Ágape, siempre le resultaba difícil cuando se acercaba la fiesta anual de la parroquia porque se pedía a todos los ministerios que vendieran una cierta cantidad de boletos para la rifa parroquial, independientemente del tamaño de su ministerio. Si bien un ministerio de 40 a 50 personas podría no tener problemas para vender boletos, pedir lo mismo a los ministerios de grupos de apoyo más pequeños podría ser un desafío, especialmente si los miembros están experimentando sus propias crisis.

Modelo de Evangelización

El modelo de evangelización es muy diferente al modelo de grupo de apoyo.

Características

Los grupos LGBTQ que siguen el modelo de evangelización suelen reunirse una vez a la semana, en lugar de una vez al mes. Su formato de reunión es muy similar al formato de los grupos de jóvenes adultos u otros grupos de oración. En días regulares, pueden comenzar con quince o veinte minutos de cantos de adoración, si tienen un coro o alguien que pueda dirigir la adoración, seguido de una oración o reflexión de las Escrituras. Normalmente invitan a un orador a que presente un tema predeterminado por cuarenta y cinco minutos o una hora. Estas reuniones también suelen terminarse con una oración.

Si bien el enfoque en estos grupos todavía incluye el cuidado pastoral, el enfoque principal es en la evangelización general y la formación religiosa, es decir, en enseñar a los miembros del grupo más sobre Jesús, el evangelio, la doctrina, las festividades de la Iglesia y una variedad de otros temas. Principalmente, el enfoque está en crear un espacio incondicional y acogedor donde los miembros del grupo puedan tener un encuentro más profundo con Jesús, consigo mismos y crecer en su fe.

Ventajas

La principal ventaja de este modelo de evangelización es que crea un mayor sentido de comunidad porque los miembros no tienen que esperar un mes para la próxima reunión y se ven regularmente. Estos ministerios suelen ser más grandes y son más activos en la parroquia. Algunos ministerios con más recursos incluso pueden tener retiros espirituales anuales o semestrales. En el mejor de los casos, pueden ser un gran espacio para el crecimiento espiritual y ofrecen un profundo sentido de comunidad y amistad.

Desventajas

Una de las principales desventajas de este modelo de evangelización es que ofrece menos espacio para la escucha, menos espacio para que alguien que está pasando por una crisis profunda hable de lo que está pasando en su vida. Debido a que el enfoque está en la evangelización, la mayoría de las actividades se enfocan en la enseñanza más que en el cuidado pastoral. Solo después de forjar amistades profundas, estos ministerios pueden ser lugares de apoyo personalizado.

Otra desventaja es que un ministerio que sigue el modelo de evangelización requiere más recursos y planificación que un grupo de apoyo. En consecuencia, deben estar dirigidos ya sea por alguien a quien la parroquia le paga para dirigirlo o por un grupo de voluntarios (una mesa de liderazgo) que lidera el grupo por un período fijo y sin remuneración (por ejemplo, un compromiso de voluntariado de dos años). La mesa de liderazgo debe comprometerse a planificar eventos ministeriales, reuniones semanales, retiros, recaudación de fondos y otras actividades. Los ministerios que siguen el modelo de evangelización generalmente prosperan en parroquias con una comunidad parroquial que los apoya, pero no tanto en parroquias donde la comunidad no está abierta al ministerio.

Otra desventaja es que estos ministerios a menudo tienen dificultades para encontrar oradores que sean conscientes de la necesidad del cuidado pastoral, que estén bien informados sobre actualizaciones científicas y los problemas sociales que enfrentan las personas LGBTQ, que sean inclusivos en su enfoque y tengan una formación religiosa adecuada y/o experiencia pastoral en Ministerio LGBTQ. Debido a que el enfoque de estos ministerios es la evangelización y la formación religiosa, a menudo tienen dificultades para determinar qué temas deben incluirse para ofrecer una atención pastoral adecuada que siga siendo inclusiva y acogedora y que al mismo tiempo se mantenga dentro de las directivas de la doctrina de la Iglesia.

Al considerar un plan de estudios apropiado para los ministerios LGBTQ de evangelización, nos podemos fijar en los temas que otros ministerios no LGBTQ enseñan. Por ejemplo, la mayoría de los grupos de pastoral con jóvenes adultos brindan una formación integral para sustentar todos los aspectos del ser, no solo los temas de la sexualidad. Tal plan de estudios incluye temas que ayudan a la persona a crecer en su autoconocimiento y su conocimiento de Jesús y la doctrina de la Iglesia, y que ayudan a los participantes a poner su fe en acción con un enfoque en la misericordia y la justicia.[4] Un programa de formación integral fomenta el crecimiento personal, así como el crecimiento en una vida espiritual, considerando a la persona en su totalidad como hijo de Dios. Estos ministerios también deben enfocarse en enseñar a otros cómo ser una Iglesia que escucha, una Iglesia de encuentro y una Iglesia de acompañamiento.

Cómo Iniciar un Ministerio Parroquial

Si bien cada comunidad parroquial es diferente y no existe una fórmula única para iniciar un ministerio parroquial exitoso, los siguientes cuatro pasos son una guía útil para iniciar un ministerio parroquial.

Paso 1: Identificar la Necesidad

Es importante preguntarse si en su comunidad parroquial existe la necesidad de un grupo de pastoral LGBTQ. Si usted o un miembro de su familia es católico LGBTQ o si usted es familiar de un católico LGBTQ, existe una necesidad. Si conoce a

Católicos LGBTQ

alguien en la comunidad parroquial que sea católico LGBTQ o padre de un católico LGBTQ, existe una necesidad. En el momento en que dos o más personas en la comunidad parroquial tienen la misma necesidad pastoral, entonces nace un ministerio. Dialoguen sobre la posibilidad de crear un ministerio juntos y si cada uno de ustedes estaría dispuesto a compartir su historia con su párroco o directora de vida parroquial para crear conciencia de la necesidad pastoral.

Paso 2: Acérquense a Otros Ministerios LGBTQ en Su Área

Los ministerios LGBTQ existentes, basados en su experiencia pastoral, pueden brindar orientación y una gran cantidad de conocimiento y consejos sobre las mejores prácticas para iniciar y continuar un ministerio LGBTQ inclusivo en su área. El problema es que la mayoría de los ministerios parroquiales o diocesanos existentes están acostumbrados a hacer su trabajo en privado y la mayoría de ellos no han puesto por escrito lo que saben o son difíciles de contactar. Siempre que sea posible, póngase en contacto con un ministerio existente y programe un horario en el que puedan hablar por teléfono; estos ministerios son recursos muy importantes.

Paso 3: Planeen una Reunión con Su Párroco

Es importante que planifiquen una reunión con su párroco, planeando los temas que se hablarán y el formato de la reunión. Puede ser útil comenzar la reunión compartiendo sus historias personales sin hablar de doctrina, ya que el enfoque primero debe ser en crear conciencia de la necesidad pastoral y poner las heridas de esta parte del Cuerpo de Cristo al centro del diálogo. Esta debe ser una charla de corazón a corazón.

Una vez que la conciencia de la necesidad esté al centro de la conversación, pueden presentar algunas ideas sobre cómo sería el ministerio que ustedes quieren comenzar. Esto podría incluir muestras de lo que han hecho otros ministerios existentes, presentando ejemplos de declaraciones de misión y visión, explicando la necesidad de cuidado pastoral y expresando su propia visión y misión para el ministerio.[5]

Es posible que también deban prepararse para cualquier pregunta o inquietud que pueda tener su párroco al respecto. Es muy probable que su párroco quiera abordar el tema de la doctrina de la Iglesia—este tema se analiza en el próximo capítulo, el cual puede ayudarles a prepararse para esta conversación. Escuchen las inquietudes de su párroco mientras que, al mismo tiempo, le recuerdan que el propósito del ministerio es ante todo ofrecer cuidado pastoral.

Antes de su reunión, preparen recursos que puedan ser útiles para su párroco, por ejemplo, los documentos escritos por los obispos (en los Estados Unidos, la USCCB, en otros países, otras Conferencias Episcopales), libros, artículos y recursos proporcionados por otros ministerios LGBTQ.

Paso 4: Inviten a un Acompañante

Al reunirse con el párroco, recomendamos invitar a que dos o más personas interesadas en crear este ministerio vayan con usted. Además de eso, los miembros de los ministerios existentes en su área pueden estar dispuestos a ir con usted para ayudar a responder cualquier pregunta que su párroco pueda tener sobre el ministerio. Pero recuerde, usted conoce a su comunidad parroquial mejor que nadie, por lo que usted sigue siendo la persona que debe dirigir la reunión. Comparta su historia, comparta su plan de ministerio y, si es necesario, aborde cualquier inquietud.

¿Qué Pasa si el Párroco Dice que No?

Lo más importante que uno puede tener al iniciar un ministerio es el apoyo del párroco. Si él no apoya los esfuerzos para crear un ministerio, siga compartiendo su historia con él y con otros sacerdotes en su comunidad, siempre y cuando esté usted emocionalmente preparado y sea seguro hacerlo.

¿Qué Pasa si el Párroco Dice que Sí?

Si el párroco dice que sí, tendrán que crear un plan más específico para el ministerio y determinar detalles. Algunos detalles específicos a considerar son los siguientes: si se reunirán en la parroquia o en una casa privada, si su ministerio será un ministerio para personas LGBTQ o para padres con hijos LGBTQ, si seguirán el modelo de grupo de apoyo o el modelo de evangelización, decidir cuál será el nombre de su ministerio (por ejemplo, "Siempre Serán Nuestros Hijos", "Ágape", "Sin Barreras a Cristo", "Corazones Valientes", "Una Sola Mesa"), desarrollar una declaración de misión, planificar un evento de lanzamiento, decidir cómo se le va a hacer publicidad y si tendrán redes sociales para su ministerio, e invitar a otros a unirse.

¿Qué Pasa si el Párroco Dice que Sí, pero la Comunidad Se Opone?

La mejor persona para crear conciencia con la comunidad parroquial es el párroco. Sin su apoyo, será difícil tener un ministerio inclusivo en una comunidad hostil.

Es importante involucrarse en la comunidad, dejar que otros sepan de qué se trata su ministerio, participar en los festivales y eventos parroquiales, planificar actividades como noches de oración, planificar presentaciones sobre ministerio inclusivo e invitar a gente de otros ministerios. La gente teme lo que no conoce. Hágase amigo de otras personas en la parroquia. Eduque y ayude a crear conciencia sobre la necesidad de cuidado pastoral.

Si incluso después de compartir historias no hay apoyo, tal vez sea bueno considerar cambiarse a una parroquia vecina donde se reconozca la necesidad pastoral, y combinar esfuerzos para crear un ministerio allí.

MINISTERIOS DIOCESANOS/ ARQUIDIOCESANOS

Propósito y Misión

La mayoría de los ministerios diocesanos/arquidiocesanos tienen un propósito triple: cuidado pastoral, formación religiosa para personas en toda la diócesis, y alcance comunitario.

Cuidado Pastoral

Mientras que en el ministerio parroquial el cuidado pastoral del individuo es el propósito principal del ministerio LGBTQ, en el caso de los ministerios diocesanos/arquidiocesanos el propósito principal es ser un modelo para los ministerios parroquiales sobre cómo acompañarse unos a otros incondicionalmente. Por ejemplo, algunos ministerios arquidiocesanos tienen reuniones mensuales donde invitan a los líderes de los ministerios parroquiales LGBTQ para que puedan conocerse y planificar o participar en eventos juntos. Esto es útil porque los ministerios parroquiales a menudo se sienten aislados, especialmente si son la única parroquia en su área que ofrece un ministerio LGBTQ. Estos espacios Diocesanos suelen ser de bienvenida e inclusivos. Sin embargo, la misión de los ministerios diocesanos/arquidiocesanos va más allá, ya que también brindan orientación a los ministerios parroquiales y lideran otros esfuerzos diocesanos.[6]

Católicos LGBTQ

Características

Hay algunas diócesis y arquidiócesis católicas en todo el mundo que han creado ministerios LGBTQ diocesanos o arquidiocesanos. El Ministerio Católico con Personas Lesbianas y Gay de la Arquidiócesis de Los Ángeles y el Ministerio de Familias y Amigos con Católicos Gays y Lesbianas de la Diócesis de San Bernardino son solo dos ejemplos.

Las características de estos ministerios pueden variar según la diócesis. Por ejemplo, en algunas diócesis un empleado arquidiocesano dirige el ministerio, mientras que en otras diócesis estos ministerios están dirigidos por laicos voluntarios en conjunto con un director espiritual, generalmente un sacerdote. Los ministerios diocesanos a veces tienen una oficina en el edificio diocesano, o pueden estar alojados por una parroquia en particular, pero el sitio web diocesano los lista como un ministerio oficial de su diócesis.

Cualquiera que sea la forma, la característica principal es que estos ministerios a menudo son creados por obispos o arzobispos, en lugar de laicos. Tengo la esperanza de que los obispos que han creado estos ministerios, y los que están discerniendo si hacerlo, puedan comunicarse con sus compañeros obispos y compartir mejores prácticas. Cada diócesis/arquidiócesis debe considerar las necesidades y características específicas de su región. Por ejemplo, para las diócesis estadounidenses, la creación de estos ministerios es un tema pro-vida en el sentido de que previene suicidios, bullying y otras pérdidas de vida. En otras partes del mundo, la creación de estos ministerios también es un tema pro-vida cuando el mismo Estado patrocina la homofobia, la criminalización de las personas LGBTQ o incluso la pena de muerte para las personas LGBTQ.[7] Por eso, la forma que toma el ministerio no es tan importante como su propósito.

Formación y Educación Religiosa

Algunos ministerios diocesanos y arquidiocesanos se encargan de proporcionar educación religiosa en temas LGBTQ para todas las parroquias de su diócesis. Aquellos que ministran a nivel diocesano/arquidiocesano a menudo son invitados a hacer presentaciones en diferentes congresos de formación religiosa diocesanos o en parroquias sobre su experiencia en el ministerio LGBTQ, la necesidad de dicho ministerio, los conceptos básicos de la doctrina de la Iglesia y otros temas relevantes.

Los ministerios diocesanos/arquidiocesanos también ofrecen orientación a quienes deseen iniciar un ministerio a nivel parroquial, ofreciendo asesoramiento sobre cuidado pastoral y mejores prácticas a sacerdotes, religiosos y laicos en la diócesis.

Actividades de Alcance Comunitario

A menudo los ministerios diocesanos organizan actividades de alcance comunitario que pueden ser *internas (alcance en eventos católicos)* o *en los márgenes (alcance en eventos seculares)*. Estas actividades de alcance comunitario pueden incluir simplemente volverse visible en los espacios eclesiales o salir de los círculos religiosos a servir en *espacios seculares*. Una forma de volverse visible en los espacios eclesiales es tener una mesa o stand para repartir volantes en eventos diocesanos/arquidiocesanos o incluso parroquiales. Otra opción es organizar una Misa de Orgullo para los católicos LGBTQ y sus familias o una Misa de bienvenida para todos aquellos que se han sentido rechazados por la Iglesia. Las actividades de alcance internas incluyen no solo alcance a los católicos LGBTQ, sino también actividades para construir puentes con los líderes de la Iglesia. Los ministerios diocesanos suelen reunirse por lo menos una vez al año con su obispo o arzobispo para construir esos puentes.

Algunos ministerios van más allá de las actividades de alcance interno al llevar a la Iglesia a los márgenes. Por ejemplo, el ministerio arquidiocesano en Los Ángeles, el Ministerio Católico con Personas Lesbianas y Gays (CMLGP), regularmente tiene un stand en varios desfiles del Orgullo Gay en el condado de Los Ángeles. Si bien el ministerio ha sido criticado por su presencia en estos desfiles, el stand brinda una presencia amorosa, acogedora y de aceptación para muchas personas LGBTQ allí. A menudo, algunas personas piensan que el stand está ahí para "convertirlos" a la heterosexualidad; otras personas no pueden creer que el stand esté afiliado a *la* Iglesia católica. Sin embargo, la mayoría de las personas están extremadamente agradecidas y gratamente sorprendidas de ver el stand presente. Estas actividades son una oportunidad para tener un encuentro con el dolor que la comunidad LGBTQ ha experimentado debido a la religión y llevar el evangelio del amor a los márgenes sin ninguna agenda.

Recientemente, CMLGP ha comenzado a participar en la Conferencia llamada Modelos de Orgullo. Esta es la conferencia secular más grande del mundo sobre temas LGBTQ y generalmente se lleva a cabo anualmente en un campus universitario en los Estados Unidos. La conferencia tiene tres categorías de talleres: una categoría para padres, una para jóvenes y una para profesionales. Algunos de los talleres ofrecidos también están basados en la fe. Si bien el CMLGP solo ha participado hasta ahora con un stand, el ministerio espera ofrecer talleres allí en el futuro.

Construyendo Puentes con los Obispos

Cada vez que doy un taller sobre el ministerio LGBTQ, a menudo me preguntan: "¿Cómo puedo ayudar a mi obispo a iniciar un ministerio LGBTQ Diocesano?". La respuesta es complicada porque cada diócesis tiene su propio contexto y cultura, pero cada uno tenemos la tarea de construir puentes entre la comunidad LGBTQ y la Iglesia institucional. Ciertamente, es útil compartir nuestra historia con nuestros obispos y fomentar la amistad y el diálogo. Es importante crear conciencia de la necesidad de ministerio con nuestros obispos, pero también debemos tener ese encuentro con ellos exactamente en donde están. Esto aplica a nuestros obispos tanto como a cualquier otra persona. Como laicos, es esencial crecer en la fe personal, aprender más sobre las mejores prácticas en el ministerio LGBTQ y luego, si nuestro obispo busca ayuda para crear espacios de ministerio inclusivo, estar disponible para ayudar.

ÓRDENES RELIGIOSAS

Los ministerios operados por órdenes religiosas pueden variar en estructura organizacional y formato. Por lo tanto, en lugar de caracterizarlos en un solo grupo, veamos mejor algunos ejemplos. Esta no es una lista exhaustiva, ya que hay muchos ejemplos en los que las órdenes religiosas atienden la necesidad pastoral de los católicos LGBTQ.

Los Marianistas

La Sociedad de María, también conocida como Marianistas, una congregación religiosa católica de hermanos y sacerdotes de 200 años de antigüedad, las Hermanas Marianistas y la Comunidad Laica Marianista tienen un fuerte ministerio LGBTQ. La Iniciativa LGBT, un equipo del Colaborativo de Justicia Social Marianista, responde al llamado de la Iglesia a ser acogedor y compasivo ofreciendo atención pastoral y apoyo espiritual a los católicos LGBTQ y sus familias;

fomentando el diálogo, la educación y el entendimiento entre las comunidades diversas e instituciones afiliadas a la Sociedad de María.[8]

Entre las muchas actividades que ofrece la Iniciativa, hay un retiro espiritual anual cada noviembre en Menlo Park, California, llamado "Una Amada Comunidad de Santos", que se ha vuelto popular entre los católicos LGBTQ en los Estados Unidos.

Los Franciscanos

La Casa de Retiros Franciscana San Damiano en Danville, California, también realiza un retiro espiritual anual para católicos transgénero.[9] El objetivo del retiro titulado "Hechos Asombrosa y Maravillosamente: Bienvenida y Respeto a las Personas Transgénero y sus Familias" y dirigido por el diácono Raymond Dever, es reflexionar sobre cómo la Iglesia puede servir mejor y dar la bienvenida a las personas transgénero y sus familias. El programa incluye oportunidades para reflexionar sobre la experiencia de la persona transgénero o de un ser querido que es transgénero.

La Compañía de Jesús (los Jesuitas)

Muchos de nosotros estamos familiarizados con el padre jesuita James Martin y su libro, *Tender un Puente*. A través de su libro, el padre Martin ha iniciado un diálogo sumamente importante sobre la necesidad de construir un puente entre la Iglesia católica institucional y la comunidad LGBTQ y viceversa. Además del ministerio del padre Martin, la Compañía de Jesús a menudo ha estado a la vanguardia en el ministerio LGBTQ, ya sea en las universidades católicas jesuitas, en sus parroquias u otros apostolados.

UNIVERSIDADES

Los ministerios LGBTQ en las universidades también pueden variar en estructura organizativa y formato. Estos ministerios se pueden encontrar en instituciones públicas o privadas. En las instituciones públicas, a menudo cuentan con el apoyo del Centro Católico Newman localizado en esa institución. Por ejemplo, la comunidad católica Newman de Santo Tomás de Aquino, que presta servicios en el campus de la Universidad de Nevada-Las Vegas (UNLV), alberga a Imago Dei, un ministerio católico LGBTQ y una organización religiosa independiente 501(c)(3) sin fines de lucro. El ministerio está dirigido por una Junta Directiva bajo la dirección del párroco de la comunidad católica Newman de Santo Tomás de Aquino en UNLV.

El ministerio se estableció para apoyar a los católicos LGBTQ, sus familias y seres queridos. Es un lugar para aquellas personas que han perseverado en su fe, pero también para aquellos que anhelan regresar, así como "para familias y amigos que quieren entender, amar y apoyar a sus seres queridos que son LGBTQ—especialmente a luz de su fe católica".[10]

PREPARATORIAS CATÓLICAS

Hay varias preparatorias católicas en los Estados Unidos que han creado espacios seguros para sus estudiantes LGBTQ y sus familias. Puesto que el enfoque de este libro no es ministerio en preparatorias, recomiendo el libro *Creando Entornos Seguros para Estudiantes LGBT: una Perspectiva de las Escuelas Católicas*. Basado en cinco años de pruebas piloto en escuelas católicas, este libro enfatiza la capacitación del personal para integrar las dimensiones pastorales, sociales y morales de la Iglesia con las necesidades especiales de los estudiantes LGBTQ en las preparatorias.[11]

Católicos LGBTQ

MINISTERIOS NACIONALES

Al pensar en ministerios católicos u organizaciones que tienen un alcance nacional más allá de su diócesis o arquidiócesis o incluso de su estado, vienen a la mente dos ministerios: el Ministerio de Familias Afortunadas (Fortunate Families) y New Ways Ministry. Ambos ministerios comenzaron antes de que el concepto de Ministerio LGBTQ fuera popular o incluso *aceptable* y, con el tiempo, han ofrecido recursos y orientación muy valiosos. Esta sección no es una lista exhaustiva ya que se centra en los ministerios nacionales en los Estados Unidos. Ministerios nacionales similares también pueden existir en otros países.

Familias Afortunadas

Familias Afortunadas (Fortunate Families) es una organización con sede en la Diócesis de Lexington, Kentucky, que se enfoca en el ministerio a padres con hijos LGTBQ a nivel nacional.[12] Fue fundado en 2004 por Casey y Mary Ellen Lopata, padres de cuatro hijos, uno de los cuales les confesó que era gay a la edad de diecinueve años. Los Lopata han trabajado en el ministerio con católicos gay lesbianas y con sus familias desde 1992 y fueron consultores del Comité sobre el Matrimonio y Familia de la Conferencia Nacional de Obispos Católicos en la preparación del documento "Siempre Serán Nuestros Hijos: un Mensaje Pastoral para los Padres con Hijos Homosexuales y Sugerencias para Agentes Pastorales",[13] publicado en septiembre de 1997. Los Lopata se retiraron de la junta directiva de Familias Afortunadas en 2014 después de servir en la organización durante su primera década, aunque continúan sirviendo en el Consejo Asesor de la organización.

Familias Afortunadas continúa haciendo un gran trabajo apoyando a los católicos LGBTQ+, sus familias y aliados por medio de la facilitación del diálogo y "compartiendo historias personales dentro de diócesis, parroquias y comunidades, especialmente con obispos, pastores y líderes de la Iglesia".[14] Como tal, su enfoque está no solo en el acompañamiento, sino también en proporcionar recursos para cualquier persona que desee iniciar un ministerio de padres o un ministerio LGBTQ en los Estados Unidos o el mundo, así como construir puentes con los líderes de la Iglesia.

New Ways Ministry

New Ways Ministry es una organización sin fines de lucro dedicada a la lucha de los católicos LGBT.[15] El ministerio fue fundado en 1977 por el padre Robert Nugent, SDS, y la Hermana Jeannine Gramick, SL (anteriormente SSND). El nombre de la organización se inspiró en las palabras de la carta pastoral de 1976 "Sexualidad: Regalo de Dios", escrita por el obispo Francis J. Mugavero de Brooklyn, Nueva York. Al igual que su nombre y los cofundadores de la organización, "la visión y filosofía de este grupo era sólidamente católica", pero enfrentaron cierta oposición. En 1984, el Vaticano ordenó que los cofundadores se separaran del Ministerio New Ways. Los cofundadores han continuado su trabajo ministerial con católicos gay y lesbianas, con el conocimiento del Vaticano y bajo los auspicios de sus órdenes religiosas. A pesar de todos los desafíos, el ministerio New Ways ha continuado su trabajo como "constructores de puentes... construyendo puentes, en una dirección, con las personas gay y lesbianas, y, en la otra dirección, con las personas que trabajan dentro de la Iglesia".

Después de más de cuarenta años de servicio y ministerio, New Ways Ministry continúa su trabajo pionero y profético de construcción de puentes al ofrecer recursos, incluido un blog diario, una lista de parroquias y universidades inclusivas, así como retiros espirituales para católicos LGBTQ.

Católicos LGBTQ
MINISTERIOS INTERNACIONALES

Los siguientes ministerios tienen un alcance internacional directo. Es difícil clasificarlos en la misma categoría porque su historia, enfoques de ministerio y relación con la Iglesia global son diferentes. Además de esta lista, puede ser que existan otros ministerios internacionales que no se enumeran aquí.

Red Global de Católicos Arcoíris/GNRC

La Red Global de Católicos Arcoíris (GNRC por sus siglas en inglés) "reúne a organizaciones e individuos que trabajan por el cuidado pastoral y la justicia para [católicos LGBTQ] y sus familias".[16] La GNRC fue "fundada en octubre de 2015... hasta la fecha, la GNRC representa a 25 grupos de católicos LGBTQI, sus familias y amigos de todos los continentes... [GNRC] trabaja por la inclusión, la dignidad y la igualdad de esta comunidad en la Iglesia Católica Romana y la sociedad".[17] La GNRC comprende varios niveles y tipos de ministerios, incluidos algunos miembros que se unen en su capacidad individual, sin estar afiliados a un ministerio.

Dignity

Dignidad o Dignity es un ministerio fundado en 1969 por el padre Patrick X. Nidorf, OSA, sacerdote agustino y psicólogo. Desde el principio, la posición y el propósito de Dignity estaban explícitamente en desacuerdo con algunas partes de la doctrina de la Iglesia sobre la persona homosexual.[18] En 1971, el entonces arzobispo Timothy Manning prohibió al padre Nidorf estar involucrado con el grupo que él mismo fundó. El padre Nidorf renunció. Los miembros de Dignity continuaron haciendo su trabajo, pero siguieron enfrentando oposición y discriminación. En 1986 y 1987, los grupos de Dignity fueron echados fuera de todas las propiedades de la Iglesia.[19] Si bien la historia de Dignity ha sido más difícil que la de otros ministerios, es importante reconocer que Dignity ha estado haciendo un trabajo profético al servir a una parte del Cuerpo de Cristo que habría dejado la Iglesia hace mucho tiempo si no fuera por este ministerio, ofreciendo un espacio seguro para que los miembros fomenten una relación con Jesús y la Iglesia.

Courage

Courage es un apostolado internacional de la Iglesia católica que atiende a personas con "atracción al mismo sexo".[20] No es considerado un ministerio inclusivo, pero está incluido aquí porque, debido a su presencia internacional, es importante analizar su enfoque. Courage tiene también un apostolado para "padres, cónyuges, hermanos y amigos de personas que se identifican como LGBTQ". Estos ministerios han tenido el apoyo total de la Iglesia católica desde su inicio y han sido un recurso y espacio útil para algunos católicos LGBTQ; mientras que, para la mayoría, los espacios ofrecidos por estos ministerios no han sido espacios de bienvenida.

La misión y los métodos de Courage han evolucionado a lo largo de los años. Courage se formó a principios de la década de 1980 como un *grupo de apoyo espiritual* que "ayudaría" a los católicos "homosexuales" a adherirse a las enseñanzas de la Iglesia sobre la sexualidad y el comportamiento sexual. Actualmente, la misión de Courage tiene cinco objetivos: (1) vivir una vida casta, (2) dedicar su vida a Cristo, (3) fomentar un espíritu de fraternidad, (4) tener presente la verdad de que las amistades castas son posibles y necesarias y (5) vivir vidas que puedan servir como un modelo a seguir. Para "ayudar" a las personas a mantenerse abstinentes del sexo, Courage utiliza un programa de doce pasos, como el modelo utilizado en Alcohólicos Anónimos (AA). Actualmente, Courage no admite la terapia de conversión, pero no siempre ha sido así. La terapia de conversión es ineficaz y dañina[21] y se ha prohibido total o parcialmente en más de veinticinco estados en los Estados Unidos.[22]

Si bien algunos católicos LGBTQ han encontrado útil el espacio que ofrece el apostolado de Courage, ya sea de manera permanente o temporal, la gran mayoría de católicos LGBTQ que han visto a Courage como la única opción en ministerio, han dejado la Iglesia como resultado, y a menudo mencionan que sentían que Courage no era un espacio seguro ni emocionalmente saludable.

En mi opinión, el enfoque predominante de Courage en el sexo puede hacer que los miembros se sientan muy incómodos. Por ejemplo, el hecho de que alguien sea católico LGBTQ no significa que sea sexualmente activo o tenga una relación romántica. Aun si una persona está en una relación romántica, esto no significa que tenga dificultad para controlar sus impulsos sexuales o que tenga adicciones sexuales que requieran un programa de doce pasos. Las personas necesitan ser tratadas como seres humanos completos, no solo como seres sexuales. (En lo personal, yo he experimentado mi orientación principalmente como una conexión emocional romántica, más que sexual, por lo que este hiperenfoque en la sexualidad es irrelevante y muy incómodo).

Muchos católicos LGBTQ que buscan unirse a un ministerio a menudo buscamos una comunidad donde podamos nutrir nuestra relación con Jesús, aprender más sobre Jesús y el evangelio, y encontrar un espacio seguro para el discernimiento. Como se señaló anteriormente, este espacio es esencial para nuestro desarrollo espiritual y personal y para construir una base de fe sólida.

Si bien la sexualidad es una parte importante de la vida de todos los seres humanos, es solo un aspecto de nosotros. Los católicos LGBTQ tenemos las mismas inquietudes que otros católicos y también necesitamos crecer en otros aspectos de nuestras vidas y de nuestra espiritualidad. Por ejemplo, en la pastoral con jóvenes adultos, los miembros de estos grupos reciben una formación de fe completa e integral que considera todo su ser. Recuerdo que cuando yo asistía al grupo de jóvenes adultos, me encantaba asistir porque en cada reunión hablábamos sobre diferentes temas que me ayudaban a crecer, a ser una mejor persona y a profundizar en mi fe. Si bien hablamos sobre la castidad como parte del plan de estudios, el enfoque estaba en el crecimiento espiritual y personal integral. Si esas reuniones hubieran sido exclusiva o principalmente sobre la castidad, dudo que hubiera seguido asistiendo porque, si bien creo que la castidad es una doctrina hermosa y muy importante y que su conocimiento y práctica es necesario y hermoso, lo que necesitaba yo era crecer en mi fe, crecer en la relación con Jesús y ser tratada como una persona completa y plena. De manera similar, para poder dar la bienvenida a los católicos LGBTQ, la pastoral LGBTQ debe incluir programas de formación integral.

Habiendo dicho esto, hay personas, tanto LGBTQ como heterosexuales, que tal vez se beneficiarían de un programa católico para ayudarlos con adicciones sexuales. El hecho de que este modelo de doce pasos tan importante y útil solo esté dirigido a personas LGBTQ y no disponible para personas heterosexuales es perjudicial y discriminatorio para ambos grupos; e impide que esta importante herramienta llegue a otras personas de la comunidad heterosexual que sí la necesitan.

Hay algunos aspectos positivos en el enfoque de Courage. Por ejemplo, su enfoque en el compañerismo y en la creación de un espacio de amistades santas es atractivo. Algunos católicos LGBTQ realmente disfrutan ese aspecto del apostolado y encuentran paz al poder permanecer abstinentes mientras tienen una comunidad de apoyo mutuo en su proceso de discernimiento. Los ministerios LGBTQ inclusivos también ofrecen espacios santos de discernimiento, pero de una manera más incondicional, sin necesidad de requerir la abstinencia como una condición implícita para la membresía. Es importante que aquellos que estén pensando en iniciar un ministerio LGBTQ sean conscientes de esta realidad.

Otro aspecto positivo de Courage es su enfoque en que los miembros dediquen sus vidas a Cristo y al servicio de los demás, y que vivan vidas que puedan ser modelos por seguir para los demás. En los ministerios LGBTQ inclusivos, también ofrecemos este espacio, y esperamos seguir dedicando nuestras vidas al servicio de los demás y creciendo en la relación con Jesús y la Iglesia, como ya lo hemos estado haciendo.

Independientemente del ministerio que una persona encuentre atractivo, es esencial recordar que todos somos parte del mismo Cuerpo de Cristo.

Finalmente, muchos católicos LGBTQ se sienten cómodos con el enfoque de Courage y encuentran paz con el término "persona con atracción hacia el mismo sexo". Otros, sin embargo, encuentran paz en usar el término general "Queer" o "Católico LGBTQ" y no tener que identificarse con una u otra orientación. Los líderes en el ministerio LGBTQ deben ser conscientes de esta realidad, y respetarla.

4
PRINCIPIOS BÁSICOS DE LA DOCTRINA DE LA IGLESIA[1]

Los principios de nuestra fe y doctrina católica se derivan de tres fuentes: la tradición (la Palabra de Dios revelada en la historia), las Escrituras (la Biblia, el registro escrito) y el magisterio (el papa y los obispos).[2] La doctrina católica que aplica a los católicos LGBTQ se puede dividir en tres categorías principales:

1. Dignidad de la persona humana
2. Discriminación
3. Castidad

DIGNIDAD DE LA PERSONA HUMANA

Todo ser humano es hecho a imagen y semejanza de Dios [sin importar su orientación sexual o cualquier otra característica diferenciadora] y por lo tanto posee una dignidad inherente que debe ser reconocida y respetada"...[Las personas homosexuales] deben ser acogidos con respeto, compasión y delicadeza.

Compendio de la Doctrina Social de la Iglesia,
Catecismo de la Iglesia Católica, §§1700–1702, 2358

Católicos LGBTQ

Este hijo, que siempre fue regalo de Dios para usted, puede ser ahora la causa de otro regalo: que su familia se convierta en una familia más honesta, respetuosa y comprensiva.

USCCB, "Siempre Serán Nuestros Hijos", 1997

La dignidad de la persona humana es una piedra angular de la Doctrina Social de la Iglesia. Todos los seres humanos somos creados a imagen y semejanza de Dios sin distinción de raza, sexo, edad, nacionalidad, religión, orientación sexual, situación laboral o económica, salud, inteligencia, logros o cualquier otra característica diferenciadora.[3] Cualquier característica diferenciadora es absolutamente irrelevante en el sentido de que no disminuye la dignidad inherente de cada persona, la dignidad con la que nacemos simplemente por ser hijos de Dios. Todos estamos hechos a imagen y semejanza de Dios (*imago Dei*), y tenemos una dignidad inherente que debe ser respetada. Esta enseñanza incluye la orientación sexual y la identidad de género, pues aplica a *todas* las personas.

Aplicación Práctica

Para poder vivir y aplicar esta enseñanza de la *dignidad de la persona humana* debemos centrarnos en la palabra *persona*. Ha habido innumerables casos de injusticia en la historia—como la esclavitud, el genocidio, los ataques a grupos raciales o grupos religiosos específicos, ataques contra inmigrantes, etcétera—en los que se ha violado la dignidad de una persona o grupo de personas por diferentes razones. Cada uno de estos eventos históricos demuestra que la injusticia hacia grupos vulnerables suele estar precedida por una caracterización del "otro" como "no-persona" o "menos que persona". Por ello, para construir un puente entre la teoría y la práctica de este principio, debemos centrarnos en la palabra "persona" y lo que significa tratar a otros como tal.

Principios Básicos de la Doctrina de la Iglesia

No podemos tratar a las personas LGBTQ con dignidad a menos que las tratemos como personas enteras, seres humanos plenos hechos a imagen y semejanza de Dios y nacidos con una dignidad inherente que debe ser respetada. Todos somos más que nuestra orientación sexual, identidad, raza, religión o cualquier otra característica diferenciadora. Las personas LGBTQ son personas plenas, hijos de Dios nacidos con dones y talentos dados por Dios, con capacidad de autoconocimiento y autodeterminación, con virtudes y defectos, con metas de vida y anhelos espirituales, con intereses y necesidades más allá de la orientación sexual, nacidos con una identidad y en comunidad, y con plena dignidad que debe ser respetada. Debemos ver a los católicos LGBTQ como personas, nuestros hermanos y hermanas, que también son parte del Cuerpo de Cristo. Esto es primordial en la práctica si vamos a seguir esta importante parte de la enseñanza.

Las personas LGBTQ son deshumanizadas cuando sus vidas y experiencias de vida son caracterizadas únicamente como una agenda política, o peor aún, cuando las equiparamos con alguna "fuerza maligna" o "futuro apocalíptico". No debemos deshumanizar a las personas LGBTQ; nunca debemos reducir a las personas a menos de lo que son.

¿Qué significa ver a las personas LGBTQ como personas? Consideremos a Jesús, que fue a la vez humano y divino (CIC, 464). Como ser humano, él nació dentro de un cierto contexto geográfico, histórico, político, religioso y cultural. Al igual que nosotros, Jesús estaba inmerso en el contexto cultural de su tiempo (CIC, 472), un contexto cultural en el que muchos grupos de personas eran vistos como "menos que personas". (Los ejemplos más comunes que encontramos en los evangelios incluyen mujeres, aquellos que eran considerados pecadores y aquellos con enfermedades). Una de las razones por las que Jesús atrajo tantos seguidores fue por que vio a las personas, ante todo, en toda su humanidad.

Veamos, por ejemplo, el encuentro de Jesús con la mujer samaritana (Juan 4:3–15). Mientras se dirigía a Galilea, Jesús se detuvo en un pueblo de Samaria para descansar un poco, ya que estaba cansado del viaje. Se sentó junto a un pozo alrededor del mediodía. Entonces, una mujer samaritana vino a sacar agua del pozo donde estaba sentado Jesús, y Jesús comenzó una conversación con ella. Sí, Jesús tuvo una conversación con la mujer samaritana. Esto, en sí mismo, fue revolucionario.

En tiempos de Jesús, las mujeres no eran tratadas como personas. Además, las mujeres no tenían todos los derechos legales que venían con la plena capacidad jurídica de persona, como los derechos de propiedad, el derecho a la autodeterminación y la autonomía, etcétera.[4] Un hombre en el mundo judío no solía hablar con una mujer en público, ni siquiera con su propia esposa. Era aún más culturalmente inaceptable que un hombre hablara con una mujer en privado. Sin embargo, Jesús ve a esta persona frente a él e inicia una conversación sencilla, un diálogo con alguien que, además de ser mujer, era considerada una "mujer pecadora".[5] Note que esta conversación no fue un sermón, y no fue un monólogo unilateral, fue un diálogo entre dos personas. Además, Jesús se acerca a esta mujer no desde una posición de poder o como Hijo de Dios, sino desde su propia necesidad humana; y le pide un favor, *¿Me puedes dar de beber?* Ella estaba absolutamente sorprendida y asombrada por el mismo hecho de que este hombre entablara una conversación. Como señala el papa Juan Pablo II:

> Este es un evento sin precedentes si uno recuerda la forma habitual en que las mujeres eran tratadas por quienes eran maestros [de la ley religiosa] en Israel; mientras que en el modo de actuar de Jesús de Nazaret tal acontecimiento se vuelve normal.[6]

Además de mujer, ella también era samaritana. En la época de Jesús, los judíos no se asociaban con los samaritanos, y Jesús era judío. Sin embargo, Jesús no la redujo ni a su género ni a su grupo étnico, sino que vio a la *persona completa* frente a él. Al comenzar un diálogo con ella, se negó a tratarla como menos que persona, la trató con dignidad y elevó esa dignidad al convertirse en su amigo.

Las acciones de Jesús fueron un desafío a las reglas religiosas y sociales de su tiempo, priorizando el amor y elevando a los marginados. Jesús vino a mostrarnos el camino. Este encuentro fue transformador para la mujer samaritana y es, en parte, lo que la motivó a beber el agua viva que Jesús le ofreció. Este amor radical e inclusivo es lo que la motivó a convertirse en apóstol, testigo de la misión de amor de Jesús a otros samaritanos. La clave del ministerio y modelo de encuentro de Jesús se encuentra en su percepción y trato de las personas como tal, como personas.

Como discípulos de Jesús, nuestro mayor deseo en la vida debe ser seguir su ejemplo; nada más que esto saciará nuestra sed. Jesús nos mostró la manera de tratar a los demás con dignidad: ver al ser humano frente a nosotros dejando de lado prejuicios e ideas preconcebidas. Esto puede ser una experiencia transformadora para todos nosotros, para los que dan y para los que reciben. Esta es la primera parte de la doctrina de la Iglesia que se aplica a las personas LGBTQ que a menudo muchos católicos ignoran o no enfatizan lo suficiente.

Tips para Aplicar Esta Enseñanza

Hay formas en que podemos respetar la dignidad de la persona LGBTQ y ayudar a otros a hacer lo mismo:

Como individuos. Los católicos no deben tener miedo de entablar amistad profunda con las personas LGBTQ y dicha amistad debe ser genuina y sin agendas ocultas.

Como educadores y catequistas. Aquellos que enseñan en programas de educación religiosa, los laicos que predican regularmente en ministerios y todos los demás en posiciones de liderazgo tienen el deber de educarse sobre este tema con un lente inclusivo si quieren guiar a otros en la fe.

Como pastores y ministros. Al considerar qué programa de estudios es apropiado para los ministerios LGBTQ, trate a las personas LGBTQ como personas completas. Los programas de estudios de formación integral que consideren a la persona en su totalidad y que no se centren exclusivamente en la sexualidad deben ser promovidos al máximo.

Para todos. Todos debemos aprender a ser una Iglesia que escucha, una Iglesia de acompañamiento y una Iglesia de encuentro con personas LGBTQ, caminando juntos en nuestro camino de fe, independientemente de cómo sea ese camino.

EL ACOSO, LA DISCRIMINACIÓN, EL ODIO Y LA VIOLENCIA CONTRA LAS PERSONAS HOMOSEXUALES NO DEBEN DE SER TOLERADOS

Las personas homosexuales tienen el derecho a ser bienvenidas en su comunidad, a oír la Palabra de Dios, y recibir cuidado pastoral...deben tener oportunidades para dirigir y servir a la comunidad.

USCCB, "Siempre Serán Nuestros Hijos", 1997

Es deplorable que las personas homosexuales hayan sido y continúan siendo objetos de malicia violenta en palabra y acción. Tal trato merece la condena de los pastores de la Iglesia dondequiera que ocurra.

Congregación para la Doctrina de la Fe, "Sobre el Cuidado Pastoral a Personas Homosexuales", 1986

Principios Básicos de la Doctrina de la Iglesia

Los homosexuales, como cualquier otra persona, no deberían sufrir de prejuicio contra sus derechos humanos básicos. Ellos tienen derecho al respeto, la amistad y la justicia. Ellos deben tener un rol activo en la comunidad Cristiana.

Conferencia Nacional de Obispos Católicos,
"Para Vivir en Cristo Jesús", 1976

El acoso, la discriminación, el odio y la violencia contra las personas LGBTQ no deben de ser tolerados. Este es un principio claro y bien establecido, pero a menudo fallamos en practicarlo.

Para ilustrar este punto, recordemos que el 12 de junio de 2016, un hombre ingresó al club nocturno Pulse, un club nocturno gay en Orlando, Florida, y comenzó a dispararle a la gente, matando a cuarenta y nueve personas e hiriendo a cincuenta y tres. Este fue un ataque que, a diferencia de otros tiroteos masivos generales, fue dirigido específicamente contra una comunidad en particular, la comunidad LGBTQ. Es el incidente más mortífero en la historia de la violencia contra las personas LGBTQ y, hasta ese momento, fue el tiroteo masivo por un solo pistolero más mortífero en la historia de los Estados Unidos.

El día del tiroteo, recuerdo haber recibido llamadas de muchos de mis amigos católicos LGBTQ que residen en diferentes partes del país. Cada uno de nosotros expresamos lo profundamente entristecidos que nos sentimos porque recordamos que la comunidad LGBTQ sigue siendo una comunidad muy vulnerable, incluso en un país desarrollado como el nuestro.

Hacia el final del día, que era domingo, recibí aún más llamadas de mis amigos católicos LGBTQ que me hicieron preguntas como: "¿Por qué en mi parroquia ni siquiera se mencionó o se habló del tiroteo durante la Misa?" "¿Por qué las oraciones por los muertos y heridos ni siquiera se incluyeron en la oración universal?" "¿Por qué es que en muchas parroquias nadie mencionó lo que pasó?" "¿Por qué tan pocos obispos hicieron declaraciones públicas sobre este incidente?". En mi parroquia tuvimos una oración especial, pero mi parroquia fue una de las pocas. En todas partes del mundo católico era como si nada hubiera pasado, como si la comunidad LBGTQ fuera invisible.

El lunes por la mañana, publiqué una oración en algunos de mis perfiles de redes sociales, una oración por las almas de los que murieron y por la recuperación de los heridos en el tiroteo de Orlando. A medida que transcurrió la semana, mis amigos católicos LGBTQ y yo nos entristecimos bastante al leer las respuestas a nuestros pedidos de oración en línea, respuestas provenientes de amigos católicos, ministros y otras personas muy respetadas e involucradas en nuestras parroquias o en los medios de comunicación católica local. Las respuestas incluyeron cosas como: "¡Bueno, obtuvieron lo que se merecían!". "Fue su elección morir". "Ellos solitos se pusieron la soga al cuello". "Tenían que enfrentar las consecuencias de su propio pecado". Tales respuestas fueron desgarradoras. Esto es, en el mejor de los casos, una muestra de ignorancia de la doctrina, y en el peor de los casos, es profundamente inmoral y preocupante, y definitivamente, un fracaso de la educación religiosa sobre este tema.

Las víctimas del tiroteo en Orlando fueron asesinadas sin motivo alguno. Las personas que fueron asesinadas no eligieron ni merecieron morir. La doctrina católica es muy clara al respecto. No debemos tolerar la violencia.

En su carta pastoral de 2006, "Ministerio a las Personas con Inclinación Homosexual: Directrices para la Atención Pastoral", la Conferencia de Obispos Católicos de los Estados Unidos (USCCB) declaró:

Principios Básicos de la Doctrina de la Iglesia

Reconocemos que estas personas han sido, y a menudo siguen siendo, objeto de desdén, odio e incluso violencia en algunos sectores de nuestra sociedad. A veces este odio se manifiesta claramente; otras veces, está enmascarado y da pie a formas más disimuladas de odio.

Muchas de las respuestas negativas de los católicos al tiroteo en Orlando fueron una forma de odio disfrazado, incluso si los que las dijeron no son conscientes de ello.

Me encantaría decir que este fue un incidente aislado, pero desde que comencé a participar públicamente en ministerio LGBTQ, me he enfrentado a respuestas similares provenientes de personas católicas que creen que su respuesta hacia mí es lo que la Iglesia requiere de ellos. Me han dicho que me voy a quemar en el fuego del infierno, que Dios me desprecia, que soy una vergüenza, entre otras cosas. Como Iglesia, debemos hacer un mejor trabajo al educar a las personas sobre la gravedad de este tipo de actitud y sobre la doctrina al respecto.

La conferencia episcopal también hizo el siguiente llamado en la carta de 1991, "Sexualidad Humana: una Perspectiva Católica para la Educación y el Aprendizaje de Por Vida":

> Hacemos un llamado a todos los Cristianos y ciudadanos de buena voluntad a que confronten sus propios miedos sobre la homosexualidad y que rechacen la discriminación que ofende a las personas homosexuales. Entendemos que tener una orientación homosexual ya trae suficiente ansiedad, dolor, y retos de aceptación propia como para que la sociedad aún agregue más dolor por medio del prejuicio".

Este es nuestro llamado universal.

Católicos LGBTQ

Aplicación Práctica

Al aplicar esta enseñanza, tres cosas pueden hacer la diferencia:

Formación Religiosa. Debemos crear conciencia y educar a todos los líderes laicos, catequistas y ministros acerca de esta enseñanza y su aplicación. Los programas de educación religiosa siempre deben incluir esta enseñanza en su plan de estudios y deben incluir reflexión sobre historias de la vida real. Además, los párrocos y el personal parroquial deben reflexionar sobre cómo se puede predicar abiertamente esta enseñanza en la Misa cuando sea apropiado (como en el aniversario del tiroteo en Orlando o durante el mes del Orgullo) y reflexionar sobre cómo podemos educar mejor a los feligreses y líderes ministeriales sobre este principio.

Crear Conciencia. Es importante educarse y hacer conciencia sobre las necesidades de la comunidad LGBTQ, incluyendo los problemas de justicia social que ellos sufren e incluyendo reflexión sobre cómo esta parte del Cuerpo de Cristo sigue siendo un grupo vulnerable en la sociedad.

Aprender de la Experiencia Vivida. Ser una Iglesia que escucha a los católicos LGBTQ puede ayudarnos a aprender más sobre su experiencia vivida. Debemos desarrollar una actitud abierta al aprendizaje y enseñar a otros a escuchar una variedad de historias de católicos LGBTQ para así comprender las maneras en que las personas LGBTQ aún son vulnerables en nuestra sociedad y en nuestra Iglesia.

TODOS SOMOS LLAMADOS A LA CASTIDAD

La castidad significa la integración de la sexualidad en la persona.

Cristo es el modelo de castidad. Cada persona bautizada es llamada a llevar una vida de castidad, cada uno de acuerdo a su estado de vida particular.

Principios Básicos de la Doctrina de la Iglesia

La persona casta mantiene su integridad, la cual no tolera ni una doble vida ni una duplicidad de palabra.

Catecismo de la Iglesia Católica, §§2394–95, 2338

Finalmente, la tercera parte de la doctrina de la Iglesia se refiere a la castidad. *Toda persona bautizada*—es decir, *todos* los católicos—está llamada a la castidad. Los líderes laicos a menudo malinterpretan la belleza de la enseñanza sobre la castidad, no solo con respecto a las personas LGBTQ sino también con respecto a ellos mismos. El malentendido más común es el hecho de que muchas personas suelen confundir la castidad con el celibato. A menudo escucho a la gente decir que "los gays tienen que ser célibes". Esta declaración es incorrecta porque la enseñanza que se aplica aquí se refiere a la castidad y no al celibato.

¿Por qué es importante hacer esta distinción? En primer lugar, las enseñanzas de la castidad y el celibato sacerdotal son hermosas, pero no son lo mismo y no deben confundirse ni reducirse a menos de lo que son. En segundo lugar, al confundir las dos, el significado de la castidad se reduce a la mera abstinencia o a la falta de compromiso marital. La castidad es más profunda que eso y tiene un significado mucho más amplio.

La Práctica de la "Otredad"

Antes de definir la castidad, es importante explicar por qué es esencial y necesario entender esta enseñanza apropiadamente. La "otredad" es la práctica de ver o tratar a una persona o grupo de personas como diferente de uno mismo y ajeno a uno mismo. Aplicado a la doctrina de la Iglesia, la otredad implica considerar que la doctrina se aplica solo al "otro" y no a uno mismo.

Decir que la enseñanza que aplica a las personas gay es el "celibato" es incorrecto (según el *Catecismo*) y efectivamente

Católicos LGBTQ

crea en la mente de los líderes laicos una ilusión de otredad, la creencia de que ellos están exentos de la misma enseñanza a la que están sujetas las personas gay. Esta otredad hace que sea más fácil señalar con el dedo y juzgar al otro.

Según el *Catecismo*, todas las personas, heterosexuales y homosexuales, están llamadas a una vida de castidad. La misma enseñanza aplica tanto a las personas LGB+ como a las personas heterosexuales.

Entonces, ¿qué es la castidad? Primero consideremos la castidad en términos generales y luego, en la siguiente sección, analizaremos cómo se aplica específicamente a las personas LGBTQ.

LA ORIENTACIÓN SEXUAL VERSUS LA IDENTIDAD DE GÉNERO

La orientación sexual se puede definir como una atracción emocional, romántica y/o sexual duradera hacia otras personas. Las etiquetas "lesbiana", "gay", "heterosexual" y "bisexual" son ejemplos de tales orientaciones. La identidad de género y la expresión de género, sin embargo, se pueden definir como el concepto más profundo de uno mismo como hombre, mujer, una combinación de ambos o ninguno: cómo los individuos se perciben a sí mismos y cómo se presentan al mundo. La etiqueta "transgénero" está relacionada con la identidad de género, no con la orientación sexual. "Ser transgénero no implica ninguna orientación sexual específica. Por lo tanto, las personas transgénero pueden identificarse como heterosexuales o como gays, lesbianas, bisexuales, etc".[7] Las perso-

Principios Básicos de la Doctrina de la Iglesia

nas transgénero no siempre son LGB; pueden ser, y a menudo lo son, heterosexuales. Siempre que la doctrina se refiere a una orientación homosexual, por lo general se refiere a las personas LGB (orientación), no a la identidad de género. Esta sección trata sobre la castidad y es un análisis específico del comportamiento sexual y no de la identidad. El *Catecismo de la Iglesia Católica* no menciona específicamente la palabra "transgénero" y aún no tiene una sección sobre identidad de género, solo sobre homosexualidad y comportamiento sexual. Que sea esta una motivación para que el lector siga aprendiendo sobre las diferencias entre la orientación y la identidad de género.

¿Qué es la Castidad?

El *Catecismo* define la castidad como "la integración de la sexualidad en la persona" (§2395). Esencialmente, la castidad consiste en asegurarse de que cualquier acto sexual que suceda en nuestras vidas esté integrado con todo nuestro ser: con nuestras emociones, nuestros pensamientos, nuestro espíritu y nuestros planes a futuro. En otras palabras, es una integración de cuerpo y alma (cf. §2332). La sexualidad, que es un don, incluye no solo su aspecto físico, sino algo mucho más profundo. Entre otras cosas, se trata de la afectividad, la capacidad de amar y ser amado, y la capacidad de formar vínculos profundos de comunión con los demás (cf. §2332). La doctrina de la Iglesia dice que esta integración de la sexualidad llega a su plenitud en el matrimonio sacramental (cf. §2360–61). Sin embargo, cada persona debe vivir la castidad "según su estado de vida particular" (§2360–61).

Católicos LGBTQ

Para aclarar y resaltar las áreas en las que la gente suele confundirse, he aquí algunos ejemplos:

Ejemplo 1. Tenemos una persona, gay o heterosexual, que es soltera y que conoce a alguien un día y decide tener sexo con esa persona el mismo día que se conocieron, con la intención de no volver a verla nunca más (comúnmente conocido como una aventura de una noche) y con cero interés por el bienestar de esa persona. ¿Esa persona es casta? La respuesta es no. La persona en este ejemplo no está integrando el acto sexual con todo su ser, con sus emociones, sus pensamientos, su espíritu, ni sus planes a futuro. El acto sexual en este caso es más de desahogo biológico y no está integrado con todo el ser.

Así, cuando decimos que cada uno debe practicar la castidad "según su particular estado de vida", en el caso de un individuo que es soltero, se estaría animando a esa persona a ser "casta en continencia", también conocido como, ser abstinente (§2349). Este es también el tipo de castidad que se fomenta en los adolescentes.[8] Debido a que los adolescentes aún están formando su personalidad, conociéndose a sí mismos y haciendo planes para su futuro, se recomienda practicar el autodominio en la abstinencia.

En mi experiencia, este ejemplo es el ejemplo más común que viene a la mente cuando los líderes laicos piensan en la castidad. Incluso para aquellos líderes laicos que entienden que la castidad y el celibato no son lo mismo, la mayoría de los laicos todavía piensan que la castidad significa únicamente "abstinencia mientras se está soltero". Si bien en este caso tal definición sería precisa, una comprensión tan simplista de la castidad le roba a la persona su significado verdadero, más profundo, amplio y valioso.

Ejemplo 2. Hay un hombre y una mujer, que están sacramentalmente casados. Ellos se aman, están teniendo sexo porque son pareja, pero están integrando este acto sexual con el amor el uno por el otro, con sus pensamientos y sus planes

Principios Básicos de la Doctrina de la Iglesia

futuros juntos, y son fieles el uno al otro. ¿Están siendo castos? La respuesta es sí. Estas personas están siendo castas a pesar de que están teniendo sexo, porque están integrando el acto sexual con todo su ser. La castidad no siempre significa abstinencia, sino que debe aplicarse "cada uno según su particular estado de vida". En el caso de una pareja casada, se les animaría a vivir la castidad conyugal, es decir, es normal y saludable que una pareja casada tenga relaciones sexuales y seguirían siendo castos siempre y cuando estén integrando el acto sexual con todo su ser, con sus pensamientos, sus sentimientos y sus planes a futuro. Por lo tanto, reiteramos que la castidad no se trata solo de la abstinencia o la falta de sexo, la castidad se trata de la integración del acto sexual.[9]

Además del enfoque en la integración, un tema común entre estos dos primeros ejemplos es el trabajo personal de autodominio y templanza. Este tema común es esencial para la comprensión de la castidad y de su mayor significado.

Ejemplo 3. Considere el caso de un hombre y una mujer, que están sacramentalmente casados, pero se están "poniendo los cuernos" el uno al otro (o uno de ellos está engañando al otro). Siguen teniendo sexo entre ellos porque son una pareja casada, pero, para el que engaña o para ambos, no hay integración del acto sexual con las emociones, la mente y su futuro juntos. ¿Están siendo castos? La respuesta es no. Tenga en cuenta que a pesar de que estas personas están casadas sacramentalmente, no están siendo castos porque el acto sexual no está integrado con todo su ser. Entonces, de nuevo, la castidad tiene que ver con la integración. El hecho de que alguien esté casado sacramentalmente no significa que la persona esté siendo casta. El matrimonio sacramental no siempre resulta en castidad.

Nótese también cómo el acto de engañar desencadena otro aspecto de la enseñanza de la castidad: "La persona casta... no tolera ni una doble vida ni una duplicidad". Se puede

Católicos LGBTQ

decir entonces que una vida doble, una vida de mentiras o deslealtad al pacto hecho por la pareja, no es una vida integrada.

Ejemplo 4. Finalmente, considere a un hombre y una mujer que están sacramentalmente casados. Se aman, están teniendo sexo porque son pareja, y están integrando este acto sexual con el amor por el otro, con sus pensamientos y su futuro juntos, y son fieles el uno al otro. Sin embargo, no pueden tener hijos porque uno de ellos es estéril. ¿Están siendo castos? La respuesta es sí. Al igual que las personas en nuestro primer ejemplo, esta pareja está siendo casta aún teniendo relaciones sexuales, porque están integrando el acto sexual con todo su ser. Además, cuando se trata de la castidad conyugal, la doctrina de la Iglesia enfatiza la procreación, la fecundidad y la apertura a la transmisión de la vida.[10] Sin embargo, el hecho de que una pareja no pueda tener hijos naturalmente no significa que la pareja no esté integrando el acto sexual con todo su ser, con sus sentimientos, su mente, su futuro, su espíritu, etcétera—que la pareja no está siendo casta. Esto es algo en lo que la Iglesia necesita reflexionar más.

La Base de la Castidad

Como alguien que ha estado involucrada en pastoral de adultos jóvenes durante más de quince años y que ha escuchado a innumerables personas enseñar sobre la castidad, siempre me entristece cada vez que escucho a alguien enseñar la castidad como una mera abstinencia mientras se está soltero. De hecho, perjudicamos a nuestros jóvenes, a nuestros adultos jóvenes y a nuestros adultos al enseñar tal simplificación de este término.

La castidad no es simplemente una regla que la gente debe seguir. Se basa en el desarrollo de las virtudes, especialmente en la virtud cardinal de la templanza.[11] La templanza, que es una invitación al dominio propio y al desarrollo de nuestra voluntad y disciplina, es la base de la castidad. Tener la sabiduría para darle a la sexualidad su debido valor independientemente de nuestro estado civil y la fortaleza para ser fieles a los acuerdos hechos con la persona con la que nos comprometemos es fundamental. La disciplina requerida es lo que hace a uno un discípulo, no solo el seguimiento ciego de una regla que uno apenas entiende.

Como catequistas y maestros de educación religiosa, debemos enseñar las virtudes cardinales y su importancia práctica. Estas virtudes y valores pueden ayudar a guiar toda nuestra vida, no solo la sexualidad. Las virtudes cardinales, que provienen del latín *cardo*, que significa *bisagra, punto principal* o *eje*, son el núcleo de la toma de decisiones sabias. Tener la disciplina y la fuerza para tomar decisiones sabias, para ejercitar nuestros valores cardinales, puede resultar en una mejor vida espiritual que va más allá de un solo aspecto de nosotros mismos, más allá de la mera sexualidad. Se requiere el desarrollo de las virtudes para practicar una espiritualidad adulta; de lo contrario, corremos el riesgo de convertirnos en adultos que tienen la espiritualidad inmadura de un niño y que siguen reglas a ciegas.

Aplicación

Ahora que he explicado la castidad en general, reflexionemos sobre lo que significa para las personas LGB y cómo la enseñanza a menudo se aplica de manera discriminatoria. Como se mencionó anteriormente, todas las personas bautizadas estamos llamadas a una vida de castidad que cada persona debe vivir "según su estado particular de vida". La castidad requiere integración, y para aquellos que son sexualmente activos, la doctrina de la Iglesia nos informa que dicha integración ocurre más plenamente dentro del contexto del matrimonio sacramental. Debido a que el matrimonio sacramental solo está disponible entre un hombre y una mujer, la Doctrina actual dice que, para ser casto, la persona homosexual no puede casarse y debe permanecer abstinente, razón por la cual la enseñanza a menudo se confunde con el celibato. Como se señaló anteriormente, si bien el resultado para las personas LGB es similar al celibato, existen algunas diferencias. En primer lugar, la enseñanza de la castidad aplica a *todas* las personas, no solo a las personas LGBTQ y a los sacerdotes. En segundo lugar, esta enseñanza a menudo se aplica de manera discriminatoria contra las personas LGBTQ. Por último, cuando no se sigue la doctrina de la Iglesia, existe una cierta sensibilidad pastoral hacia las personas heterosexuales, pero no hacia las personas LGBTQ.

Aplicación Discriminatoria

Mi servicio en grupos de pastoral juvenil comenzó después de unirme a un grupo de jóvenes adultos en mi parroquia. Para aclarar, los ministerios de jóvenes adultos son para personas entre las edades de dieciocho y treinta y cinco años. Un par de años después de unirme, fui parte de la mesa directiva del grupo durante tres años. Por alguna razón, muchos de los jóvenes que pertenecían a mi grupo habían tenido éxito en encontrar un esposo o una esposa entre los miembros del grupo y muchas parejitas de ese grupo terminaron casándose sacramentalmente. Me gustaría creer que ese porcentaje de éxito se debe a nuestro enfoque en las virtudes y a un enfoque más maduro en la evangelización.

En mi grupo de jóvenes adultos, el tema de la castidad era, por supuesto, parte de nuestro currículo integral. Sin embargo, cada vez que una chica y un chico del grupo decidían iniciar una relación romántica, el equipo de liderazgo nunca asumía que la pareja estaba teniendo sexo. Nuestra reacción fue siempre de felicidad, viendo la relación con una actitud de respeto a la intimidad de la pareja y de confianza en la pareja heterosexual, asumiendo que se esforzarían al máximo en ser la mejor versión de ellos mismos. La reacción a las personas gay, sin embargo, no es la misma. Una persona gay a menudo es juzgada con dureza incluso si la persona es soltera y ni siquiera tiene una pareja. En el momento en que alguien que es abiertamente gay se une a un ministerio, los líderes del ministerio y otros frecuentemente asumen que la persona está sexualmente activa, y muchos otros prejuicios vienen con esta suposición. Esto se evidente en una de las declaraciones que escucho con más frecuencia de labios de líderes laicos, y a veces desde el púlpito, cuando se habla de las personas LGBTQ: "Amamos al pecador, pero odiamos el pecado".

¿Acaso no somos todos pecadores? Sin embargo, aquellos que usan esta frase están, consciente o inconscientemente, asumiendo que la persona LGBTQ está "pecando de una manera que yo no peco". En otras palabras, existe la suposición de que la persona es sexualmente activa con una pareja del mismo sexo y/o una multitud de otras suposiciones, como que la persona es pedófila, promiscua, infiel, adicta al sexo, etcétera.

Muchos católicos no se dan la oportunidad de conocer a la persona que tienen delante y permiten que los prejuicios nublen su visión de esa persona. A las personas LGBTQ ni siquiera se les da el beneficio de la duda. ¿Por qué querría alguien permanecer en una comunidad así? ¿Por qué alguien querría unirse a un grupo donde los líderes y miembros actúan más como los fariseos que como Jesús?

También existe incongruencia en la aplicación de los principios de la dignidad de la persona humana y el principio contra la discriminación; estos principios también aplican a las personas LGBTQ.

Católicos LGBTQ

Sensibilidad Pastoral

Consideremos cómo respondería el equipo de liderazgo de mi grupo de adultos jóvenes si descubriéramos que la pareja hombre/mujer de nuestro grupo estaba teniendo relaciones sexuales antes del matrimonio. Incluso si descubriéramos que esa parejita no se abstuvo antes del matrimonio, nosotros les tendríamos el mismo cariño, aún los aceptaríamos y aún caminaríamos con ellos en su jornada de fe. Nunca diríamos: "Eres malo". "Te vas a ir al infierno". "Estás arrastrando a otros al infierno". "Estás poseído". "Ya no puedes asistir al ministerio". "Nunca puedes servir en el ministerio". Hay una regla tácita que da cabida a la sensibilidad pastoral para las personas heterosexuales que no cumplen con los más altos ideales católicos, asumiendo que están haciendo lo mejor que pueden, y creando espacio para el error humano. Además, tendemos a ver a la persona en su totalidad y a comprender que, incluso si alguien no cumple con una parte de la doctrina de la Iglesia, esa persona aún puede ser un buen cristiano.

La sensibilidad pastoral es la respuesta más común que vemos en el ministerio a las personas heterosexuales que no logran vivir una vida casta: teniendo relaciones sexuales antes del matrimonio, masturbándose, engañando, divorciándose y volviéndose a casar. Esto no quiere decir que las personas heterosexuales no sean juzgadas por la comunidad en función de su comportamiento sexual, usualmente también son juzgadas. Sin embargo, en la práctica, la sensibilidad pastoral es una respuesta más común hacia las personas heterosexuales en algunos de estos casos.

Para las personas LGBTQ, la respuesta es diferente. A menudo, en el momento en que una persona gay decide tener una pareja o deja de estar a la altura de la misma enseñanza que aplica a las personas heterosexuales, la sensibilidad pastoral hacia la persona gay se desvanece. La sensibilidad pasto-

Principios Básicos de la Doctrina de la Iglesia

ral solo se aplica mientras la persona LGBTQ sigue la doctrina de la Iglesia, específicamente en lo que se refiere a la castidad para personas solteras. En otras palabras, la sensibilidad pastoral solo se extiende a aquellas personas LGBTQ que son abstinentes o que dicen ser abstinentes. Esta falta de sensibilidad pastoral se basa en una cultura generalizada de asumir lo peor de las personas LGBTQ, de juzgar a los demás con más dureza que a nosotros mismos y de reducir a la persona LGBTQ a meramente su orientación o identidad.

Sensibilidad Pastoral a las Parejas del Mismo Sexo

Esta sección es un comentario personal sobre la sensibilidad pastoral hacia los católicos LGBTQ que están en una relación comprometida con personas del mismo sexo. Su propósito es entender y ministrar o servir mejor a los católicos LGBTQ que tienen pareja.

La doctrina de la Iglesia actualmente nos informa que el matrimonio sacramental está disponible solo entre un hombre y una mujer. Hay muchas razones para justificar esta doctrina que están más allá de los que nos incumbe en este libro. Sin embargo, al centro del debate se encuentra la gran pregunta, ¿Escoge una persona gay su orientación o Dios crea a las personas gay de esa manera? Si bien la investigación científica ha arrojado algo de luz sobre la orientación sexual, la ciencia con respecto a si la orientación está determinada por la naturaleza, la crianza o una combinación de ambas es inconclusa y limitada.[12] Los hallazgos de la investigación científica también están más allá del alcance de este libro, pero se anima a todos a aprender más sobre ellos, ya que la investigación científica es una herramienta que Dios nos ha dado para comprender mejor la creación.

Independientemente de la investigación científica y sus limitaciones, una cosa es cierta. Para extender la sensibilidad pastoral a las parejas del mismo sexo, debemos entender que

Católicos LGBTQ

más frecuentemente la persona LGBTQ experimenta su orientación como algo con lo que se nace. Los obispos católicos de los Estados Unidos han reconocido esto en su carta pastoral de 1997, "Siempre Serán Nuestros Hijos", donde reconocieron humildemente que la orientación de una persona LGBTQ "se experimenta como algo dado, no como algo elegido libremente". Si la orientación de una persona LGBTQ es un hecho, algo con lo que uno nace, entonces lo primero que debemos entender es que el deseo de tener un vínculo romántico de por vida con otra persona se experimenta tan naturalmente en una persona LGBTQ como en una persona heterosexual. En consecuencia, no debemos asumir malas intenciones o una elección de "escoger mal sobre bien" cuando se trata de relaciones entre personas del mismo sexo.

Cuando dialogas con personas LGBTQ y escuchas sus historias, muchas veces te dirán: "Así nací; así fui hecho; así es como Dios me hizo". Las personas que están comprometidas en una relación del mismo sexo no van en contra de Dios. De hecho, estas personas están honrando una vida de castidad, integrando su sexualidad con otros aspectos de sí mismos, con la persona a quien su conciencia y su proceso de discernimiento les dice que Dios los creó para amar, la persona con la que Dios los creó para entablar una conexión emocional, espiritual, física, mental y romántica.

Puede que la persona aún este discerniendo el propósito de Dios al crearle como es, pero la persona no elige ir en contra de la doctrina de la Iglesia. Ciertamente ellos no elegirían experimentar toda la discriminación y el prejuicio de la gente. Esa es la verdadera lucha de las personas LGBTQ: el tener que lidiar con otra gente y su prejuicio, su incomprensión, con la discriminación, con el ser descreditados. Nuestros obispos católicos en los Estados Unidos han reconocido que la orientación LGB+ es experimentada como algo inato. Lo menos que podemos hacer ahora es extender un poco de sensibilidad y cuidado pastoral basados en este entendimiento.

Principios Básicos de la Doctrina de la Iglesia

Dios es un Dios misterioso, y también lo es su creación. Incluso con los avances en la investigación científica de hoy en día, hay muchas cosas en la naturaleza y el universo que seguimos sin entender, que permanecen sin explicación. Esto debería ser una lección de humildad en lugar de ser algo aterrador y debería recordarnos de lo expansivo que es el amor de Dios. Por mucho que quisiéramos poder meter a todo el universo en una caja, Dios no puede ser atrapado en una caja. Por mucho que nos gustaría ser como Dios y reclamar la sabiduría infalible y el conocimiento absoluto de alguien que ha comido el fruto de la sabiduría, solo Dios es omnisciente. Dios todavía se está revelando a través de la creación, a través de los signos de los tiempos, a través del amor. ¿Estamos poniendo atención? ¿Estamos escuchando?

OTRA DOCTRINA Y CATÓLICOS LGBTQ

La doctrina católica se aplica a todos los católicos, incluidos los católicos LGBTQ. Esto incluye, pero no se limita a, la primacía de la conciencia y la Doctrina Social de la Iglesia.

La Opción Preferencial por los Pobres y Vulnerables

Las personas LGBTQ han sido y siguen siendo un grupo vulnerable, una parte del Cuerpo de Cristo que sufre. Si bien solo el 7 por ciento de todos los jóvenes en los Estados Unidos están clasificados como LGBTQ, hasta el 40 por ciento de los jóvenes sin hogar o que viven en la calle son LGBTQ.[13] Los jóvenes LGBTQ tienen un 120 por ciento más de probabilidad de quedarse sin hogar que los jóvenes no LGBTQ.[14] Este alto nivel de falta de vivienda es el resultado del rechazo familiar, el abuso y la pobreza.[15] Una vez sin hogar, los jóvenes LGBTQ también corren un mayor riesgo de ser blanco de trata de personas y tráfico sexual.[16]

El rechazo familiar es perjudicial para el bienestar emocional, físico y mental de las personas LGBTQ.[17] Incluso si una persona LGBTQ no experimenta la falta de vivienda o el rechazo familiar, es probable que experimente discriminación en la vivienda, la educación, el empleo y la atención médica, lo que impide su capacidad a largo plazo para "obtener y mantener la seguridad económica".[18] En el peor de los casos, las personas LGBTQ siguen siendo objeto de crímenes de odio y asesinatos.[19] Nuestra Iglesia tiende a no reconocer la vulnerabilidad de las personas LGBTQ. La enseñanza de la opción preferencial por los vulnerables nos recuerda que los vulnerables están al centro del evangelio y especialmente cuando se hace cualquier análisis sobre política.

Respeto por la Vida Humana

Estrechamente ligado al principio de la dignidad de la persona humana está el principio del respeto a la vida humana. Toda vida es sagrada desde el momento de la concepción hasta la muerte natural. Los asesinatos motivados por la orientación sexual o la identidad de género rara vez se contabilizan y rara vez se procesan como delitos motivados por el odio. Las personas transgénero, en particular, sufren aún más discriminación, violencia, marginación social y económica y abuso, y las mujeres transgénero de color tienen más probabilidades de ser asesinadas en los Estados Unidos y todo el mundo.[20] La Iglesia debe apoyar los esfuerzos de iniciativas políticas que puedan ayudar a determinar las principales causas de muerte violenta entre la comunidad LGBTQ. Además de recopilar datos, la Iglesia debe apoyar el uso de recursos gubernamentales para prevenir la violencia contra las mujeres transgénero y priorizar los enjuiciamientos de los que comenten actos de violencia contra ellas.[21] También es esencial aumentar los fondos para la investigación de delitos de odio y entrenamientos contra el prejuicio.

Sin embargo, el respeto por la vida humana va más allá del acto de defender el derecho a estar vivo en apoyo del derecho a una vida digna, como garantizar que las personas, especialmente los pobres y vulnerables, tengan acceso adecuado a la atención de la salud, la vivienda, la seguridad social y necesidades básicas.

El Derecho al Trabajo, el Bien Común y la Solidaridad con los Trabajadores

La Iglesia reconoce el trabajo como un derecho fundamental.[22] Esto incluye el derecho a un salario justo, el derecho al descanso, el derecho a una pensión, el derecho a afiliarse a un sindicato, el derecho a que la personalidad de uno sea salvaguardada en el trabajo "sin sufrir afrenta alguna a la conciencia o a la dignidad personal" y más. Por las implicaciones morales que tiene el trabajo en la vida social, la Iglesia considera el desempleo un "verdadero desastre social"[23] y una afrenta al bien común.

Como se señaló anteriormente, la Iglesia también reconoce que el odio, el acoso y la discriminación de las personas LGBTQ no deben tolerarse[24] y el *Catecismo* establece que "deben ser acogidos con respeto, compasión y delicadeza. Se evitará, respecto a ellos, todo signo de discriminación injusta" (§2358).

Con base en estos dos principios, los católicos deben alentar a sus gobiernos a aprobar protecciones integrales contra la discriminación laboral hacia las personas LGBTQ, la vivienda, el crédito financiero, la atención médica y la educación. Si bien las instituciones religiosas tienen derecho a solicitar exenciones religiosas a las leyes de aplicación general que contradigan sus creencias, debemos tener cuidado de no invalidar las leyes positivas para la comunidad LGBTQ en su totalidad; de lo contrario, corremos el riesgo de entrar en conflicto con nuestra propia doctrina.

Además, incluso cuando se usen exenciones religiosas, debemos discernir la forma en que se usa la exención y evitar la discriminación que es injusta y poco ética. Los despidos de personas LGBTQ que trabajan en escuelas e instituciones católicas es actualmente uno de los temas más problemáticos en los Estados Unidos y el mundo.[25] Si bien reconocemos que las escuelas católicas existen para brindar una educación católica y promover los valores católicos, por lo general no se vigila celosamente a los maestros para asegurarse de que cumplan con todos los aspectos de la doctrina de la Iglesia, a menos que el maestro sea una persona LGBTQ. Ninguna otra parte de la enseñanza de la Iglesia se aplica con tanto celo como las enseñanzas sobre el matrimonio y la retórica anti-LGBTQ, y ningún otro grupo de empleados en instituciones católicas se ve afectado con tanta frecuencia por esta aplicación como los empleados LGBTQ. Si bien el cuidado de los pobres, los migrantes y los vulnerables se encuentra al corazón del evangelio, prácticamente nadie es despedido por no cumplir con estas y otras enseñanzas fundamentales.

Finalmente, debemos tener cuidado de no usar tácticas de intimidación y miedo para obtener exenciones religiosas. A menudo, a los grupos vulnerables se les empuja a enfrentarse los unos contra los otros: personas LGBTQ contra niños; mujeres transgénero contra las mujeres cisgénero. Debe evitarse una retórica tóxica que, para obtener exenciones religiosas y beneficios gubernamentales, describan a la gente LGBTQ como pedófilos y a las personas transgénero como oportunistas.

Las personas LGBTQ son un grupo vulnerable, pero a menudo no reconocemos la vulnerabilidad porque no hemos caminado junto a ellos y no hemos escuchado sus experiencias de vida como lo haría Jesús.

SAGRADAS ESCRITURAS

En primer lugar, ¿qué es la Biblia? El *Catecismo* define la Biblia como una colección de libros escritos por hombres, inspirados por el Espíritu Santo (§105). El catolicismo no es una religión fundamentalista, el catolicismo no es una "religión del libro".[26] Las religiones fundamentalistas promueven una lectura bíblica literal, y lo único que les importa es el texto tal como está escrito.

Los católicos estamos llamados a leer la Biblia a través de lo que se denomina un método histórico-crítico. Por lo tanto, al leer la Biblia debemos preguntarnos cosas como: "¿Quién escribió este libro en particular?" "¿Quién es el autor?" "¿Quién es la 'audiencia' para quien el autor escribió este libro?" "¿Cuál es el contexto histórico y cultural del autor?" "¿Cuál es el tipo de libro, o género literario, al que corresponde este libro? ¿Este es un libro histórico o una reflexión teológica?" "¿Cuál es el contexto histórico y cultural del libro en general?".[27] Este método le da al lector un mayor contexto al leer lo que está escrito en la Biblia.

Nuestra lectura Bíblica debe ser una lectura responsable y debe centrarse menos en la mera memorización de versículos bíblicos aislados tomados fuera de contexto, y más en la comprensión del "contenido y unidad de toda la Escritura" (§112), recordando siempre que los evangelios son el corazón de todas las Escrituras porque son la fuente principal de la vida y la enseñanza de Jesús (§125).[28]

Muchos biblistas han realizado un trabajo innovador al analizar los pasajes bíblicos a los que se hace referencia con mayor frecuencia cuando se habla de personas homosexuales.

El enfoque de este libro no es explicar cada uno de esos pasajes porque, en primer lugar, hay muchos biblistas que pueden hacer un trabajo mucho mejor y, en segundo lugar, esta es una tarea que el magisterio debe emprender de manera más profunda y completa en el futuro (cf. §85). Sin embargo, para ilustrar la importancia del método histórico-crítico en la lectura de la Biblia, consideremos la historia de Sodoma y Gomorra, quizás la más comúnmente utilizada contra las personas LGBTQ.

Sodoma y Gomorra (Génesis 19:1–11)

Sodoma y Gomorra es normalmente caracterizada como una historia sobre "Dios destruyendo ciudades a causa de la homosexualidad".

La historia comienza diciendo que Dios está a punto de destruir las ciudades de Sodoma y Gomorra a causa de la maldad de sus habitantes. Entonces Dios envía dos ángeles. Los dos ángeles, en forma de hombres, entran en la ciudad, y Lot los saluda y los invita a quedarse en su casa. El gesto de Lot es un gesto de hospitalidad hacia el extranjero. Los ángeles terminan aceptando la invitación de Lot y pasan la noche en su casa. Es en este momento que, "todos los hombres que habitan la ciudad" llegan a la casa de Lot, tocan a la puerta y le exigen a Lot que saque a los dos hombres de la casa porque quieren "conocerlos".

Es importante entender que, en algunos pasajes bíblicos, el significado cultural de "conocer" es diferente a lo que entenderíamos hoy en día. En la Biblia, "conocer" a alguien a veces puede significar "tener sexo con".[29] Según teólogos y biblistas, la historia de Sodoma y Gomorra es uno de esos pasajes donde "conocer" significa "tener sexo con".

Debemos también tomar en cuenta la naturaleza consensuada frente a la no consensuada de estos encuentros.

Por ejemplo, si un pasaje bíblico usara la palabra "conocer" de acuerdo con este significado cultural y dijera: "Quiero 'conocer' a tu hija", entonces esto no significaría que la persona quiere que le presenten a la hija; más bien significaría "Quiero tener sexo con tu hija". Debido a que en un caso así ella no estaría dando su consentimiento, el significado verdadero sería: "Quiero violar a tu hija".

En la historia de Lot, la Escritura nos dice que *todos* los hombres de la ciudad llegaron a la puerta de Lot y le ordenaron que sacara a los extranjeros porque querían "conocerlos". Esta no es una historia sobre dos personas que se aman, y definitivamente no es una historia sobre dos personas que están iniciando algún tipo de relación de forma consensuada. Esta historia ni siquiera se trata de un "ligue de una noche". Esta es una historia sobre un intento de violación, violación en grupo para ser exactos. Además, debido a que "todos los hombres de la ciudad" llegaron a la puerta de Lot, es muy probable que la mayoría de ellos fueran heterosexuales, no homosexuales. Esta historia trata sobre algo tan perverso y horrible como un intento de violación en grupo. ¿Por qué los hombres heterosexuales querrían violar a otros hombres sin ninguna razón? La violación en grupo era una práctica reconocida en los tiempos bíblicos que se usaba contra el enemigo, el extraño y el vulnerable, como una forma de humillarles y mostrarles quién está "a cargo".

La historia de Sodoma y Gomorra trata de mostrarles a estos dos extranjeros "quién es el jefe" en esa ciudad. De hecho, esta historia trata sobre la falta de hospitalidad hacia el extranjero, la arrogancia y la falta de preocupación por los pobres y necesitados, y el abuso que sufrieron los extranjeros, incluido el propio Lot. Esa fue la maldad en los corazones de estas personas y ese nivel de maldad fue la razón por la cual Sodoma y Gomorra fueron destruidas.

Católicos LGBTQ

Otros Pasajes de las Escrituras

Varios biblistas han realizado un trabajo importante al analizar los pasajes bíblicos que mencionan la palabra "homosexual" o que se usan con mayor frecuencia para condenar a las personas LGBTQ. Daniel A. Helminiak, PhD, un teólogo respetado y sacerdote católico, basándose en el trabajo de los principales eruditos sobre el tema, explica muchos de estos pasajes en su libro, *Lo que la Biblia Realmente Dice sobre la Homosexualidad*. En el pasado, gran parte de este trabajo ha sido históricamente ignorado, criticado o simplemente no apoyado. Sin embargo, en los últimos años ha aumentado el interés por el estudio formal de estos y otros textos.

Lo primero que debemos tener en cuenta es el hecho de que la palabra "homosexual" en sí no existía en los tiempos bíblicos. La palabra "homosexual" se originó a fines del siglo XIX[30] y se usó por primera vez en las traducciones de la Biblia en 1946.[31] Para entender verdaderamente el significado de cada uno de los pasajes donde ahora aparece la palabra "homosexual", debemos estudiar las palabras usada en los textos originales—las palabras en hebreo, arameo, griego.

Cuando la palabra "homosexual" apareció por primera vez a fines del siglo XIX, se usaba para referirse a toda actividad que involucraba a personas del mismo sexo, incluso si no era consensuada. Los pasajes que ahora contienen la palabra "homosexualidad" originalmente se referían a casos de violencia sexual contra una persona del mismo sexo, actos como violación, pedofilia/pederastia, prostitución forzada y rituales paganos. Los pasajes bíblicos no hablan de relaciones de amor y reciprocidad entre personas del mismo sexo, ni hablan de un compromiso civil de por vida con una pareja del mismo sexo porque esa ni siquiera era una opción en el tiempo en que se escribieron los libros que conforman la Biblia.

El avance más reciente y significativo en la interpretación

bíblica para católicos proviene de la Pontificia Comisión Bíblica. A finales de 2019, la Pontificia Comisión Bíblica del Vaticano publicó un nuevo libro sobre la visión antropológica de la escritura titulado ¿*Qué es el hombre? Un Itinerario de Antropología Bíblica*.[32] Este es un extenso estudio de antropología bíblica que explora temas como la creación, la sexualidad, el matrimonio y la ecología, por mencionar algunos. Este estudio es una reflexión autoritativa de ciertos temas bíblicos sobre los que los teólogos a menudo no se ponen de acuerdo y "ofrece a los teólogos y catequistas observaciones de los puntos de vista en la sociedad moderna sobre el hombre de hoy y los contrasta con las Escrituras".

Al abordar el relato bíblico de Sodoma, por ejemplo, la Pontificia Comisión Bíblica afirma:

> [Este texto] no pretende presentar la imagen de una ciudad entera dominada por deseos homosexuales incontenibles; más bien, denuncia la conducta de un ente social y político que no quiere acoger con respeto al extranjero, y por ello pretende humillarlo, obligándolo a someterse a un infame trato de sumisión.[33]

Con respecto a la historia de Sodoma y Gomorra, la Pontificia Comisión Bíblica concluyó:

> [Este texto] ilustra un pecado que consiste en la falta de hospitalidad, con hostilidad y violencia hacia el extranjero, conducta juzgada muy gravemente y por lo tanto merecedora de ser sancionada con la mayor severidad, porque el rechazo del diferente, del necesitado y del extranjero indefenso, es un principio de desintegración social, teniendo en sí mismo una violencia mortífera que merece un castigo adecuado.[34]

Claramente, investigación bíblica responsable sobre la homosexualidad es rara y muy necesaria. También necesitamos cuestionar lo que hemos escuchado en el pasado sobre este tema, lo que hemos escuchado o leído en ciertos medios de comunicación católicos e incluso nuestras propias ideas preconcebidas. No debemos tener miedo de acercarnos a los márgenes y mejorar nuestra formación bíblica. Animo a todos los laicos y ministros ordenados a tomar cursos de formación bíblica y religiosa, si es posible, a nivel universitario. Las universidades católicas, ya sea en asociación con sus diócesis o por su propia cuenta, a menudo tienen programas de formación o liderazgo que no requieren inscripción formal.

Si eres un católico LGBTQ que ha sido lastimado por figuras de autoridad religiosas o por personas que han usado las Escrituras como arma en tu contra, debes saber que Dios sufre contigo. Eres parte del Cuerpo de Cristo y Dios te ama. No tengas miedo de aprender más acerca de las Escrituras. Permítete aprender acerca de Jesús y estar cerca de Dios. Permítete sentir y saber que eres un hijo amado de Dios.

EL *CATECISMO*

A lo largo de este capítulo he hecho referencia a citas significativas del *Catecismo* sobre la homosexualidad. Sin embargo, cuando la mayoría de las personas usan el *Catecismo* en este tema, frecuentemente se enfocan en una frase específica: "intrínsecamente desordenado". ¿Qué significa "intrínsecamente desordenado"? ¿Y cuánto debemos preocuparnos con esta frase?

Escuché por primera vez el término "intrínsecamente desordenado" durante una de mis reuniones semanales en el grupo de jóvenes en el que participaba, cuando tenía dieciséis años. Un predicador laico había sido invitado a darnos una charla sobre la homosexualidad y, al final de la charla, sentí una vergüenza profunda que no tenía nada que ver con quién era yo o con quién soy, sino con cómo me definió el predicador: como una persona intrínsecamente desordenada y malvada. A medida que crecí en liderazgo, en mi fe y en mi propia formación religiosa, llegué a comprender que muchos de los predicadores laicos y ordenados que usan este término carecen de una comprensión más profunda de la doctrina y de sensibilidad pastoral.

En primer lugar, el *Catecismo* no fue escrito para el laico promedio. El *Catecismo* fue escrito por personas con experiencia en teología y filosofía. Si bien pretendía ser una guía para todos, es mejor entendido por aquellos que comprenden los términos teológicos y filosóficos que contiene. Por ejemplo, para la persona promedio, el término "intrínsecamente desordenado" podría evocar referencias a "trastorno mental" o "enfermedad".

Esencialmente, el término "intrínsecamente desordenado" en el *Catecismo* se refiere principalmente a un acto, no a una persona. El término está directamente relacionado con la "castidad" y la importancia de integrar todo acto sexual con todo el ser, según el estado de vida particular de cada persona, como se señaló anteriormente. En consecuencia, una comprensión adecuada de la castidad debe preceder a una comprensión adecuada de "intrínsecamente desordenado", y un enfoque pastoral de la castidad debe preceder cualquier uso responsable de este término.

En segundo lugar, en el *Catecismo* se hace referencia a muchos actos como "pecados gravemente contrarios a la castidad" o "intrínsecamente desordenados". Por ejemplo, de acuerdo al *Catecismo*, la masturbación es "intrínsecamente y gravemente desordenada" (§2352). Si bien la masturbación es muy común, el término "intrínsecamente desordenado" casi siempre se usa exclusivamente contra las personas homosexuales y no contra los muchos que se masturban: homosexuales, heterosexuales, hombres, mujeres, laicos y ordenados.

A menudo, el término "intrínsecamente desordenado" se usa de manera irresponsable y, tal vez por ignorancia, no nos damos cuenta de que el término aplica a muchos otros casos y personas, incluyendo a aquellos que lo usan como arma sagrada contra las personas homosexuales. Debemos dejar de usar los términos del *Catecismo* como balas o espadas para herir a la gente. Ese no es el propósito para el que fueron creados.

5
CUIDADO PASTORAL

Del 2015 al 2016, el papa Francisco convocó a un Jubileo de la Misericordia. Según la USCCB, "el Papa Francisco convocó este Jubileo Extraordinario en particular para dirigir nuestra atención y acciones 'a la misericordia, para que podamos convertirnos en una señal más eficaz de la acción del Padre en nuestras vidas... un tiempo para que el testimonio de los creyentes se haga más fuerte y más efectivo'". En otras palabras, este fue un tiempo para discernir la misericordia, para observarnos a nosotros mismos y para encontrar maneras de ponerla en práctica. Muchos de los que participamos activa y conscientemente en el Jubileo de la Misericordia vivimos ese año como un tiempo de gracia.

A menudo, cuando pensamos en misericordia, pensamos en "compasión" o "perdón" hacia alguien que nos ha lastimado o hecho mal; alguien a quien podemos castigar, pero con quien elegimos ser misericordiosos porque esto nos trae alguna ganancia espiritual. El problema de esta forma de ver la misericordia es que nos pone por encima de los demás: "porque soy misericordioso, te perdono"; "porque soy una buena persona, seré compasivo". Aquí, anteponemos nuestro ego a la misericordia; somos misericordiosos por el bien espiritual que nos trae el serlo. Además, es una oportunidad perdida de entrar en contacto profundo con la fuente de la misericordia, que es el amor desprendido de sus resultados: el amor de Jesús.

La definición etimológica de la palabra "misericordia" en español proviene de dos palabras en latín, *"miserere"*, que significa "miseria" o "dolor" y *"cor"*, que significa "corazón". Por lo tanto, misericordia significa "sentir el dolor del otro en tu propio corazón". Es a partir de este dolor, de sentirlo en tu propio corazón, que eres compasivo, no porque seas mejor que la otra persona, sino porque sientes el dolor de esa persona y respondes al dolor con amor.

Entonces, ¿cómo podemos sentir el dolor de alguien que no conocemos? ¿Cómo podemos sentir el dolor del "otro"? ¿Cómo podemos sentir el dolor de alguien con quien no estamos de acuerdo? ¿Cómo podemos sentir el dolor de alguien con quien preferirías no tener un encuentro?

El papa Francisco sugiere tres enfoques pastorales que son útiles para la práctica de la misericordia. Estos enfoques, que resumimos en el capítulo anterior, implican convertirse en una Iglesia de encuentro, una Iglesia de escucha y una Iglesia de acompañamiento. Es a través de estos enfoques pastorales que encontramos las herramientas necesarias para vivir misericordiosamente y convertirnos en una Iglesia más pastoral.

IGLESIA DE ENCUENTRO

En su discurso a los movimientos laicos en la vigilia de Pentecostés en 2013, el papa Francisco nos exhortó a todos a ir a los márgenes:

> La Iglesia debe salir de sí misma. ¿Dónde? Hacia La periferia existencial, cualquiera que esta sea, pero salir. Jesús dijo. "¡Anden por todo el mundo! ¡Anden! ¡Prediquen! Den testimonio del Evangelio". ¿Pero qué pasa si salimos de nosotros mismos? Puede ocurrir lo que acontece con todos los que salen de casa

y van por la calle: un accidente. Pero yo les digo: prefiero mil veces una Iglesia accidentada, involucrada en un accidente, a una Iglesia enferma por el encerramiento. ¡Salgan hacia afuera, salgan!

Hay muchos católicos, no solo católicos LGBTQ, que viven al margen de la sociedad. Algunos han sido excluidos explícitamente de la Iglesia por no cumplir con algún principio de la doctrina, por ejemplo, los divorciados que se han vuelto a casar, los que han tenido relaciones sexuales antes del matrimonio, los que cohabitan, pero no están casados sacramentalmente. Estos y otros han decidido dejar la Iglesia. Muchos de los que viven en los márgenes son vulnerables y sufren injusticia, sin embargo, tienen una gran fe. Jesús está presente en los márgenes de nuestra sociedad, pero como católicos a veces nos quedamos en nuestra zona de confort y solo ministramos con y para las personas y los grupos con los que nos sentimos cómodos. Jesús nos llama a estar con él y a ser más como él.

Ser una Iglesia de encuentro requiere que tengamos un acercamiento con las personas exactamente en donde están, no donde queremos que estén; requiere que el acercamiento sea con las personas exactamente como son y sin una agenda. Ser una Iglesia de encuentro requiere que estemos abiertos a la amistad con las personas tal como son, porque una cultura de encuentro es una cultura de amistad. Si no somos capaces de entablar una amistad desinteresada con aquellos que son diferentes a nosotros, estamos negándonos a ver a Jesús en ellos, y estamos dejando de ser más como Jesús, porque el modelo de encuentro de Jesús se basó precisamente en la amistad: compartiendo una cena con extraños, invitándose a sí mismo a sus casas y escuchando las historias de la gente. Como dijo el papa Francisco en ese mismo discurso a los movimientos laicos:

Con nuestra Fe, debemos crear una cultura del encuentro, una cultura donde nos volvamos hermanos, donde podamos hablar hasta con aquellos que no piensan como nosotros, con aquellos que tienen otra fe, que no son de la misma fe....Todos tienen alguna cosa en común con nosotros: somos imágenes de Dios, somos hijos de Dios.

Tener un acercamiento a las personas tal y como son significa servirnos unos a otros, amarnos unos a otros y entablar amistad con el otro exactamente como es. No debemos esperar a que el otro sea perfecto, o a que el otro sea como creemos que debe ser, que el otro haga lo que creemos que debe hacer. Se trata de encontrar a los demás exactamente donde están, sea cual sea la parte de su jornada en la que se encuentren. Ahí es donde sucede el verdadero acercamiento.

IGLESIA QUE ESCUCHA

El encuentro no se trata de que los cuerpos físicos estén en el mismo espacio al mismo tiempo. Más bien, el encuentro requiere una conexión de amistad con aquellos que son diferentes. Para que exista una amistad, debemos aprender a ser una Iglesia que escucha.

El arte de escuchar requiere un desapego de nuestro propio interés. ¿Alguna vez te has observado a tí mismo supuestamente "escuchando" a alguien cuando en realidad ya estás pensando en tu respuesta? Esta respuesta puede ser una historia que crees que es similar o tal vez quieras darle a la persona un consejo, decirle qué hacer o emitir un juicio. En todos estos casos, estamos guiados por nuestro propio interés, ya sea para que la atención se vuelva hacia nosotros, para sentirnos útiles, para sentir que estamos ayudando o promoviendo una causa determinada, o para terminar la conversación rápidamente porque ya vamos tarde a nuestro próximo compromiso. Es extremadamente difícil quedarse quieto sin pensar en nuestra próxima contestación y simplemente escuchar. Es difícil escuchar a aquellos a quienes amamos, y mucho más difícil escuchar a aquellos con quienes no estamos de acuerdo o a aquellos que son diferentes a nosotros. Sin embargo, no alcanzaremos el acercamiento y la amistad con aquellos que son diferentes a nosotros si no dominamos el arte de escuchar. Nuestros prejuicios nublan nuestra visión y pueden impedir que escuchemos, aprendamos y veamos a la persona que tenemos delante.

Ser una Iglesia que escucha significa escuchar para aprender de la experiencia vivida de la otra persona. Cada vez que estamos aprendiendo sobre un tema por primera vez, hacer preguntas puede ser útil: "¿Cómo te hizo sentir eso?" o "¿Qué pasó después?". Recuerda que todos somos seres humanos, que todos seguimos aprendiendo. Recuerda que la vida y las circunstancias de cada persona son diferentes. Recuerda que la gracia de Dios es algo que podemos recibir a través de los demás, y qué mejor que a través de las personas a las que normalmente no entendemos. Si podemos convertirnos en esta Iglesia que escucha, podremos desarrollar un amor fraterno por aquellos a quienes escuchamos, a medida que aprendemos sobre su sufrimiento, su gloria, su fe y su experiencia vivida.

El padre Greg Boyle, quien fundó Homeboy Industries en el este de Los Ángeles y quien sirve a personas en los márgenes, dijo una vez:

> En mis treinta años de ministerio con pandilleros en Los Ángeles, el cambio de rumbo más significativo para mí ocurrió durante mi sexto año. Por error, había tratado de "salvar" a hombres y mujeres jóvenes atrapados en la vida de las pandillas. Pero luego,

en un instante... descubrí que uno no va a los márgenes para salvar a nadie. Más bien si vamos a los márgenes, nos rescatamos mutuamente.

IGLESIA DE ACOMPAÑAMIENTO

Una vez que nos hemos encontrado con alguien en los márgenes de la sociedad y hemos aprendido a escuchar, estamos listos para acompañarnos unos a otros en nuestro camino de fe. El concepto de acompañamiento es como ser consanguíneo, o familiar. Nosotros no elegimos a nuestra familia. A menudo podemos estar en desacuerdo con los miembros de nuestra familia, pero hacemos todo lo posible para caminar juntos en este viaje llamado vida. Ninguna familia es perfecta. Algunas familias son más funcionales que otras; otras son extremadamente disfuncionales.

Nuestra familia de la Iglesia tampoco es perfecta, pero Dios es perfecto; Jesús es perfecto; el amor es perfecto. Y como nos recuerda san Pablo, porque el amor nunca falla, y porque el mayor mandamiento es el amor (cf. 1 Cor 13:1–13), debemos acompañarnos unos a otros en nuestro camino de fe, independientemente de lo diferente que sean esos caminos.

6
TU JORNADA DE DISCERNIMIENTO

Este libro no fue creado con la intención de llegar a un fin, sino más bien fue ideado como un comienzo. Independientemente de la parte de tu jornada en la que te encuentres, tienes tarea: comenzar un viaje de discernimiento sobre este tema. Tu discernimiento va a comenzar escuchando (o leyendo) historias de católicos LGBTQ y, si eres católico LGBTQ, escuchando historias de personas LGBTQ cuya historia es diferente a la tuya. Debido a que es posible que muchos lectores no conozcan a un católico LGBTQ, compartiré brevemente mi propia historia con la esperanza de que sea la primera de muchas otras historias que escucharás a lo largo de tu jornada de discernimiento. Sin embargo, primero me gustaría brindar algunas sugerencias que serán útiles conforme vayas aprendiendo sobre las experiencias vividas de las personas LGBTQ.

Primero que nada, es posible que escuches historias muy variadas. No todas las historias de personas LGBTQ son iguales. El hecho de que hayas escuchado la historia de una o dos personas en la comunidad LGBTQ no significa que sepas ya todo lo que hay que saber sobre la experiencia vivida de las personas LGBTQ.

En segundo lugar, comenzarás a darte cuenta de que la orientación sexual no se trata solo de la sexualidad. De hecho, la sexualidad a menudo ocupa un lugar secundario en

Católicos LGBTQ

la mayoría de las historias sobre orientación que escucharás. La orientación se puede definir como la capacidad de conexión emocional, física, espiritual y romántica de una persona y, a menudo, se experimenta de una manera no sexual, como al enamorarse inocentemente de alguien. Este enfoque en una profunda conexión emocional romántica, más que en el sexo, será un tema constante durante tu jornada de aprendizaje. Escucha y no descartes tales afirmaciones como falsas.

En tercer lugar, a medida que escuches diferentes historias, notarás algunos temas comunes: historias de fe y amor profundos, rechazo familiar, inseguridad, negación y aceptación. Muchas historias pueden revelar jornadas muy dolorosas y, cuanto más se margina a una persona, más dolorosa puede ser la historia.

Como se señaló anteriormente, muchos jóvenes LGBTQ que son rechazados por sus familias terminan viviendo en la calle o sin hogar y, a menudo, son víctimas de gente desalmada involucrada en la trata de personas, quienes los obligan a prostituirse. Incluso si una persona LGBTQ nunca se ha quedado sin hogar, cuando la familia le rechaza, puede enfrentar otros riesgos. El Proyecto de Aceptación Familiar (FAP por sus siglas en inglés), un estudio realizado por la Universidad Estatal de San Francisco, encontró que el rechazo familiar está directamente correlacionado con mayor incidente de intento de suicidio, depresión, abuso de drogas y otras sustancias, y conductas sexuales riesgosas. Las personas LGBTQ que son rechazadas por su familia tienen ocho veces más probabilidades de haber intentado suicidarse, casi seis veces más probabilidades de reportar altos niveles de depresión, más del triple de probabilidades de usar drogas ilegales y más del triple de probabilidades de estar en riesgo de contraer el VIH y/u otras enfermedades de transmisión sexual que aquellas personas LGBTQ que experimentan poco o ningún rechazo familiar. El rechazo familiar, no la orientación, es la causa de tal sufrimiento.

Tu Jornada de Discernimiento

Las historias que incluyen cualquiera de los desafíos difíciles mencionados anteriormente deben escucharse con sensibilidad y empatía. Sin embargo, estas experiencias en sí mismas no deben equipararse con ser LGBTQ, ni deben agruparse para referirse al "estilo de vida homosexual". Haber podido escapar de las redes de trata de personas o superar cualquiera de los desafíos anteriores no debe equipararse con ser un ex-gay.

En cuarto lugar, mientras escuchas historias, también escucharás historias de personas bisexuales, personas que se encuentran en lo que se denomina el continuo de la orientación sexual. A diferencia de las personas heterosexuales que pueden desarrollar naturalmente una conexión emocional, física, espiritual y romántica solo con personas del sexo opuesto, y a diferencia de las personas homosexuales que naturalmente pueden desarrollar una conexión emocional, física, espiritual y romántica solo con personas del mismo sexo, las personas bisexuales pueden desarrollar tales conexiones con un hombre o una mujer en diversos grados.

Esto no significa que las personas bisexuales sean promiscuas, confundidas o cualquier otro estereotipo. Además, una persona bisexual puede enamorarse de alguien del mismo sexo cuando es joven y años después enamorarse de alguien del sexo opuesto, o viceversa. Esto no significa que estén eligiendo sentirse atraídos por un solo sexo o que hayan cambiado su orientación. Más bien, significa que su orientación les permite tener esta conexión emocional con cualquier sexo, en diferentes momentos y a diferentes niveles de conexión.

Finalmente, a medida que escuches una variedad de historias de personas LGBTQ, descubrirás que, a pesar de las diferencias, esas personas son igualmente santas. Puede ser que escuches la historia de alguien que ha elegido permanecer soltero y abstinente; también puede ser que escuches la historia de alguien que tiene una pareja de por vida. En algún momento, verás que esas personas son igualmente santas. Cuando veas esto por primera vez, será impresionante —porque tal vez contradiga la cosmovisión que has tenido hasta ahora— y es posible que no puedas entenderlo. Toma un tiempo para sentarte a reflexionar este nuevo nivel de entendimiento y discierne el llamado de Dios para ti.

Antes de comenzar tu jornada de discernimiento, permíteme compartir parte de mi propia historia.

MI HISTORIA

Siempre supe que era "diferente", desde mis primeros recuerdos, de alguna manera lo supe. Cuando era una niña pequeña, realmente no pensaba mucho en la diferencia o lo que significaba, solo sabía que era diferente. Poco tiempo después de cumplir once años, me di cuenta de que me gustaba alguien, que estaba enamorada de una amiguita. Al igual que la mayoría de las personas en algún momento de sus vidas se enamoran de alguien por primera vez y de la nada, eso es exactamente lo que me pasó a mí. El sentimiento fue tan natural como cualquier enamoramiento que cualquier niña heterosexual pudiera tener. Nunca había experimentado ni había sido sexualmente activa. De hecho, yo era una niña muy enfocada en la escuela que aún no estaba interesada en todas esas cosas; fue un enamoramiento inocente. A pesar de ser tan inocente, nunca se lo conté a nadie, me lo guardé para mí.

No fue hasta los diecisiete años que volvió a surgir este sentimiento. Mientras me ocupaba de mis propios asuntos en la preparatoria y hacía todo lo posible para obtener buenas calificaciones, conocí a la chica más maravillosa que jamás había conocido. A diferencia de mi enamoramiento anterior, esta vez el sentimiento fue mutuo. Una vez más, también fue un enamoramiento inocente, uno de los sentimientos más puros que jamás había sentido. El enamoramiento finalmente dio a luz a una relación inocente y amorosa. Esta vez quería poder compartir mis sentimientos con aquellos que más me importaban: mi familia. Mi mamá siempre nos había criado con un enfoque en valores y virtudes. Ella nos enseñó a mi hermana y a mí a ser disciplinadas, trabajadoras, amorosas y honestas. Ella fue muy cariñosa y siempre nos inculcó un deseo por una vida espiritual plena. Quería ser honesta con mi mamá y tener una mejor comunicación con ella. Mi comunicación con ella hasta ese momento no era la mejor, y yo sabía que tenía mucho que ver con el hecho de que yo me estaba guardando esta parte importante de mí. Por lo tanto, decidí hablar con ella... por primera vez. Mi mamá me escuchó, aunque no supo cómo reaccionar ante mi confesión.

Como mencioné en el primer capítulo, se suele decir que cuando un hijo sale del clóset, los padres se meten al clóset, muchas veces tienen dificultad para abordar el tema y deciden no abordarlo en absoluto. Mi mamá escuchó mi confesión, pero tenía muchas preguntas que necesitaba procesar.

Como cualquier buena madre, trató de hacer lo que creyó que era lo mejor. Un día, después de la misa, alguien le dio un volante promocionando un retiro espiritual para jóvenes adultos. Este retiro de iniciación estaba siendo organizado por el grupo de jóvenes adultos de la parroquia. A mi mamá le encantó la idea y me envió al retiro, tal vez con la esperanza de que me "sanaran" de lo que fuera que me estaba pasando. Pensé que no me gustaría el retiro porque hasta ese momento mi experiencia con el catolicismo había sido muy negativa. En nuestra familia extensa, algunos miembros habían usado repetidamente el catolicismo para controlar, manipular y juzgar a otros. La experiencia de mi mamá con el catolicismo también había sido negativa, pero estaba tratando de aferrarse a cualquier esperanza posible.

¡El retiro rompió todas mis expectativas y fue la experiencia más maravillosa! El grupo de jóvenes que planeó el retiro realmente se centró en el mensaje del evangelio y la persona de Jesús. Por primera vez en mi vida tuve un encuentro personal y profundo con Jesús. Aprendí cosas sobre Jesús, sobre Dios, que nunca había escuchado, y lo que nos enseñaron también se reflejó en la manera en que nos trataron ese fin de semana. Para ser claros, este retiro fue más que solo palabras. Los jóvenes adultos que dirigieron y sirvieron en el retiro fueron tan amorosos, tan hospitalarios, poco egoístas y similares a Jesús. Por primera vez experimenté una verdadera comunidad cristiana y encontré un tesoro. Encontré un amor profundo dentro de mí, encontré a Jesús, encontré amistad, comunidad, y no quería perder ese tesoro.

A pesar de lo amorosos que fueron los miembros del grupo, y de lo mucho que yo los he llegado a apreciar—muchos de ellos ahora on mis amigos—me he llegado a preguntar si ellos se hubieran acercado a mí con el mismo amor y confianza si hubiera sido evidente que yo era gay. Sabía que algunos de los predicadores invitados al retiro habían hecho comentarios anti-gay, por lo que siempre me pregunté si me habrían tratado de manera diferente si hubiera sido abiertamente gay.

Con el paso del tiempo, la relación con mi novia no funcionó y terminamos. Siempre agradezco a Dios por la oportunidad de conocer uno de los sentimientos más puros que uno puede sentir con alguien que me respetó y cuidó de mí, a pesar de que no estuvimos destinadas a estar juntas toda la vida.

Como yo no quería perder el tesoro que acababa de encontrar, decidí tomarme un tiempo después de mi ruptura amorosa para conocerme mejor, profundizar mi relación con Dios, aprender lo que la Iglesia, la ciencia y otras religiones dicen sobre las personas LGBTQ y para discernir mi vocación personal. Quería tomarme el tiempo y el espacio para discernir todas las preguntas que yo tenía y discernir lo que Dios quería de mí, pero sabía que la mayoría de los ministerios no ofrecían un espacio de discernimiento para las personas que son abiertamente gay; generalmente se nos dice qué hacer con nuestra vida sin crear un espacio de discernimiento y crecimiento personal. Como yo quería discernir en paz, decidí volver al closet. Este período en el closet duró casi diez años. Durante este tiempo, me concentré en la escuela, en el ministerio y pude conseguir un trabajo e independizarme. Me convertí en líder del grupo juvenil y formé parte de la mesa directiva durante tres años. Tomé varios cursos arquidiocesanos de formación religiosa básica y también cursos avanzados y eventualmente me convertí en parte del equipo de liderazgo de la Pastoral Juvenil Arquidiocesana de Los Ángeles. Como parte de este equipo, fui coordinadora de cursos de formación religiosa para jóvenes adultos e incluso fui locutora de radio durante cinco años en Guadalupe Radio, una Radio Católica en Los Ángeles. He estado involucrada en el ministerio de jóvenes adultos por más de quince años y regularmente imparto cursos de formación para jóvenes con un enfoque en la justicia social y la Doctrina Social de la Iglesia. También he sido lectora y, sí, también tuve mis años en el coro donde aprendí a tocar la guitarra; eso es quizás lo más gay de mí. Actualmente soy ministra de eucaristía y sigo siendo lectora. Durante ese mismo período, también me convertí en una organizadora comunitaria basada en la fe, poniendo mi fe en acción en temas como el encarcelamiento masivo, la injusticia económica, la inmigración, la justicia penal y más; trabajando por un mundo donde la dignidad humana de todos sea reconocida, respetada y reflejada en la sociedad.

Debido a que estaba completamente enfocada en mi crecimiento personal y no tenía ningún interés romántico, pensé que tal vez el enfoque de *pray the gay away* [orar hasta no ser gay más] había funcionado. Hacia el final de ese período de diez años, incluso decidí tener novio.

Conocí a un chico muy guapo en la Iglesia. No solo era guapo, sino que también tenía un corazón bondadoso. Pensé que, si me esforzaba lo suficiente y rezaba lo suficiente, la vida sería más fácil siendo heterosexual. Tendríamos nuestras fotos familiares "perfectas" y no tendría que enfrentarme nuevamente a los prejuicios de nadie. Más tarde descubrí que Dios no trabaja así.

Después de estar en una relación con este chico durante casi dos años, comenzamos a hablar sobre nuestro futuro y la posibilidad de casarnos. Pensé que las cosas marchaban bien y que el matrimonio podría estar en el horizonte; todo iba de acuerdo con el plan. Muchas fuentes católicas que había consultado siempre enfatizaban cómo los sentimientos no son importantes y lo único que importa es el compromiso. Estaba comprometida y era una persona disciplinada, así que sentí que podía hacer esto sin problema. Entonces, me di cuenta de que Dios tenía planes diferentes para mí.

Así fue como ella entró en mi vida. No estábamos destinadas a estar juntas, pero ella me recordó quién soy: "¡Oh, Dios, todavía soy gay! ¡Siempre he sido gay!". Pensé dentro de mí, diez años después de mi primera salida del closet. Aprendí que los sentimientos sí importan, que los sentimientos son lo más natural, y que negarlos o tratar de enterrarlos no hace ningún bien a nadie, especialmente a mí. También aprendí que los sentimientos por sí solos no son suficientes, debe existir un buen equilibrio de sentimientos y un compromiso maduro.

Me di cuenta de que, si alguna vez me casaba con el chico con el que tenía una relación, le estaría yo impidiendo a él, y a mí misma, tener el tipo de conexión mutua emocional, física, espiritual y romántica que se supone que uno debe tener con su cónyuge. No podía yo, en buena conciencia, hacerle eso a él ni a mí misma. Sabía que, si lo hacía, sería por motivos egoístas y que lo estaría utilizando; me casaría con él por miedo, no por amor. También me di cuenta de que este tipo de matrimonio sería lo contrario de ser casto porque, al estar con él, no estaría integrando mi sexualidad con todo mi ser. Lo amaba como amo a un hermano, a un amigo, pero esa conexión no era ni remotamente como la de un cónyuge.

Si me hubiera casado con él, probablemente estaría viviendo una vida de duplicidad porque, a diferencia de las personas heterosexuales que están programadas para tener una conexión natural con alguien del sexo opuesto y a diferencia de las personas bisexuales que pueden tener ese tipo de conexión con cualquier sexo—yo no fui creada para tener ese tipo de conexión con alguien del sexo opuesto. Salir del closet por segunda vez fue aún más difícil que la primera vez porque ahora tenía mucho más que perder, todo mi mundo estaba construido alrededor de mi catolicismo y de Jesús.

Supe que mis sentimientos son tan naturales como los de una persona heterosexual, pero por alguna razón Dios me hizo diferente y Dios debe tener un propósito para esa diferencia. A pesar del miedo que tuve de decirle a la gente que era gay, la parte más difícil fue cuando me di cuenta de que mi vocación dada por Dios es estar con una persona en una relación amorosa y comprometida de por vida. Aunque esa persona aún no ha llegado a mi vida, sé que algún día lo hará: "¿Qué pasará cuando nos encontremos y formalicemos nuestra relación?". Me invadió una tristeza y un miedo abrumadores. "Seguramente perderé mi tesoro". He sentido el abrazo de Dios dejándome saber que me ama, que me formó y me tejió en el vientre de mi madre así como soy. He sentido la voz de Dios en lo más profundo de mi conciencia, llamándome a ser veraz y a no tener miedo.

Durante mi segunda salida del closet, sentí este profundo llamado a comenzar a servir en pastoral con católicos LGBTQ, como yo. Fue extremadamente difícil al principio, pero, gracias a Dios, no estuve sola. Conocí a Martha y su esposo, Javier Plascencia, durante mi tiempo como coordinadora regional de la Pastoral Juvenil y supe del ministerio para padres de personas gay y lesbianas que ellos tenían, así que decidí ir a una de sus reuniones mensuales. En la reunión, entre lágrimas, les dije a todos los presentes que no sabía si alguna vez habría un lugar para mí en la Iglesia una vez que volviera a salir del closet y comenzara a servir públicamente con y para las personas LGBTQ, no sabía si debía irme de la Iglesia o quedarme.

Este momento fue un momento muy triste, deprimente y oscuro en mi vida; tratando de determinar si debía quedarme o dejar la Iglesia. Tomó meses de discernimiento, tiempo durante el cual el grupo de padres probablemente me vio llorar más de lo que había hecho en mucho tiempo. Ellos siempre respondieron con amor y palabras de esperanza. Ellos me ayudaron a través de este proceso, y les estaré eternamente agradecida por eso. Me ayudaron a recordar que Dios me ama incondicionalmente y es gracias a ellos que sigo aquí, que sigo activa en ministerio.

Una vez que volví a centrarme en el amor de Dios, tuve una conversación con mi mamá, diez años después de esa primera conversación. Esta vez, fue la mejor conversación que habíamos tenido. La conversación duró unas cinco horas. Ella solo me escuchó durante unas dos horas, solo escuchó e hizo preguntas a las que respondí con respeto. Luego, la escuché a ella y sus preocupaciones durante unas dos horas; simplemente la escuché y le hice preguntas, a las que ella respondió con respeto y amor. Mi segunda salida del closet con mi mamá sucedió en un espíritu de amor, respeto mutuo y sensibilidad. Fue un momento de sanación, sanación profunda en mi relación con mi mamá.

Ahora es mi esperanza y mi deseo que algún día todos los católicos LGBTQ puedan experimentar estos momentos de sanación con la familia. Por eso es que sirvo en pastoral LGBTQ, porque sé que las historias de los católicos LGBTQ a menudo incluyen, en diversos grados, una historia de separación familiar, rechazo o falta de comprensión. Aquello con lo que en realidad luchamos es con la separación y desintegración de nuestras familias; luchamos con el rechazo social y los efectos de ese rechazo; luchamos por recuperar el amor propio y por reconciliar lo que escuchamos que se dice acerca de Dios con el amor que Dios en realidad tiene por nosotros. Nuestras familias luchan por reconciliar su fe con su llamado a amar a sus hijos. También tenemos que lidiar con todos los prejuicios de las personas que no ven a la persona que tienen delante, en nuestra totalidad, en nuestra dignidad plena, en nuestro amor, tal como Dios nos ve.

Experimentar momentos de sanación y servir en pastoral LGBTQ ha sido lo mejor que me ha pasado. He sentido la uña de Dios arañando dolorosamente mi corazón y diciéndome: "Alimenta a mi pueblo; ayuda a mi pueblo". En un mundo donde la gente está hambrienta de amor, darles de comer un libro de código penal es condenarlos a morir de hambre. Dios me sigue llamando a ministrar y a seguir llevándole a los márgenes. Me encanta servir en un ministerio LGBTQ y ayudar a otros a discernir las preguntas difíciles que nuestra Iglesia está llamada a discernir en este momento.

El noventa y nueve por ciento de la respuesta a mi trabajo ministerial suele ser positiva. Después de cada taller, tanto los padres como los católicos LGBTQ me agradecen, la mayoría de las veces con lágrimas, viviendo pequeños momentos de sanación. Otros que no son padres o católicos LGBTQ también se me acercan respetuosamente para hacerme todo tipo de preguntas sobre el ministerio. En su mayor parte, la respuesta es muy positiva. Y sí, no todo el mundo lo acepta por completo, pero la mayoría de la gente al menos trata de escuchar y discernir.

A veces también me duele el corazón profundamente cuando habla ese uno por ciento restante. Nunca falla. Siempre hay alguien que no está ahí con espíritu de respeto, compasión y sensibilidad; o peor aún, alguien que está ahí completamente en espíritu de odio. Me sorprende, porque estoy cien por ciento segura que si hubiera conocido a esas personas que critican mi trabajo cuando estaba involucrada en el ministerio de jóvenes adultos, ellos habrían elogiado mi trabajo. Sigo siendo la misma persona; nada ha cambiado. Si acaso, he mejorado. Sin embargo, cuando les hablo a esas personas, mi trabajo y yo somos demonizados, sin ninguna razón en absoluto, demonizada en el nombre de Dios; a pesar de ese mandamiento que dice "No usarás el nombre de Dios en vano". A menudo pienso en todos los católicos LGBTQ que crecieron siendo católicos modelo, pero que abandonaron la Iglesia después de haber sido demonizados en nombre del catolicismo o, peor aún, en el nombre de Jesús, en el nombre de Dios. A menudo pienso en aquellos que han sido completamente excluidos de un ministerio por ser LGBTQ. Pienso en los que nos condenan, pero las cuentas nunca cuadran. No soy perfecta, pero ciertamente no soy una mala persona. Muy seguido, más seguido de lo que me gustaría admitir, me pregunto si debo continuar en la Iglesia. Me lo pregunto todos los días.

No soy la única persona que sirve en ministerios LGBTQ. Como se destaca a lo largo de este libro, hay cientos de católicos, incluidos padres, católicos LGBTQ, sacerdotes aliados, hermanos y hermanas religiosos, etcétera, que están ministrando a nivel parroquial, diocesano, nacional o internacional en diferentes países. Sin embargo, en comparación con la Iglesia en general y la magnitud de la necesidad, todavía somos muy pocos los que hacemos este trabajo.

Eso es lo que espero que podamos hacer juntos. Espero que podamos discernir cómo crear espacios de comunidad para todos los católicos LGBTQ, comenzando en su parroquia. Sé que un día cada parroquia tendrá un espacio, una comunidad de amor, de verdadero respeto, compasión y sensibilidad, donde los católicos LGBTQ puedan continuar relacionándose con Jesús sin importar cual sea nuestra jornada espiritual. Sé que un día, los católicos LGBTQ no tendremos que abandonar la Iglesia ni escondernos por nuestro propio bienestar. Sé que un día, los padres de católicos LGBTQ no sentirán que tienen que rechazar a sus hijos o "volverlos hetero" para que sean buenos católicos. Sé que un día, los padres de católicos LGBT no tendrán que asistir a parroquias distantes para encontrar comunidad. Sé que un día la gente podrá ver la santidad de los católicos LGBTQ que están en una relación comprometida, al igual que la de aquellos que permanecen solteros y abstinentes. Sé que algún día no tendré que preocuparme de lo que sucederá una vez que Dios envíe a mi vida a esa persona que Dios ha escogido para mí. Y no, no estoy hablando de matrimonio sacramental. Hablo de la simple decencia de crear espacios donde todos podamos continuar en relación con la Iglesia y con Dios.

Todavía no entiendo por qué Dios hace a algunas personas como yo, pero sé que Dios me hizo de esta manera, exactamente como soy. Dios en su infinita sabiduría y en todo su misterio me ha creado, me ha creado con un propósito, un propósito dado por Dios. Quizás mi propósito sea mostrarle al mundo la importancia del amor incondicional.

Para mí, ser una persona LGBTQ ha sido un regalo, una verdadera bendición. Esta jornada me ha ayudado a convertirme en una persona más compasiva, más amorosa y misericordiosa. Me ha ayudado a tener un corazón de carne que no tiene miedo de cavar en sus propias heridas para ayudar a otros a sanar las suyas. Consciente de las palabras de san Pablo, "Ahora conozco en parte; pero entonces conoceré tan plenamente como soy conocido. Y ahora, permanecen la fe, la esperanza y el amor, estos tres; pero el mayor de ellos es el amor" (1 Cor 13:12–13), sé que Dios está siempre conmigo.

Espero que un día los resultados de tu camino de discernimiento y el de la Iglesia nos ayuden a crear comunidades donde cada parte del Cuerpo de Cristo sea bienvenida, sin miedos ni prejuicios sino con amor, ¡e incluso, ojalá, con celebración!

Apéndice A
HISTORIAS DE CATÓLICOS LGBTQ

JUSTINE Y DESIREE

Como pareja casada LGBTQ, hemos tenido la suerte de conocernos desde la escuela secundaria y nuestro amor y fe nos han mantenido unidas a través de los altibajos, la enfermedad y la salud.

Nos conocimos en 2000 durante nuestros años de secundaria y preparatoria, yo era estudiante de noveno grado y Desiree estaba en décimo grado. La primera vez que vi a Desiree fue mientras caminaba hacia el campo de softball para intentar unirme al equipo y para hablar con los entrenadores. Recuerdo estar tan fascinada con ella que no podía escuchar a mis amigos hablar. Solo recuerdo decirme a mí misma, *tengo que saber su nombre y llegar a conocerla*. En ese momento supe que mi vida cambiaría.

Desiree no tenía idea de que me había fijado en ella. Ella recuerda que fui a hablar con los entrenadores, pero no fue hasta que ambas estábamos en el equipo practicando juntas que capté su atención. Ella también parecía fascinada por mí. Descubrimos que ambas teníamos amistades en común, así que terminamos pasando mucho tiempo juntas. Al principio, solo éramos amigas que pasaban el tiempo coqueteando y jugando. Un día, la prima de Desiree le dijo que me gustaba y luego me dio su número. A partir de ahí, nos volvimos inseparables, hablando por teléfono constantemente y queriendo estar juntas lo más posible.

A medida que nos conocimos, ninguna de las dos nos dimos cuenta de que nos estábamos enamorando. Jugábamos en el mismo equipo, íbamos a la misma escuela y pasábamos tiempo juntas, así que simplemente sucedió; nos enamoramos. Nos hicimos novias oficialmente el 15 de julio de 2000. Todo iba bien, pero hubo algunos obstáculos en el camino.

El primer desafío fue mi familia. Mi mamá tenía valores antigüitos y temía que fuera gay. Esto me asustó, así que inicialmente decidí mantener nuestra relación en privado.

Poco después, Desiree descubrió que tenía unos meses de embarazo, embarazada por su ex-novio. (¡Sí, embarazada, en la escuela secundaria y lesbiana!) Eso realmente la asustó. Ella rompió conmigo y trató de hacer las cosas bien con el padre de su bebe. Eventualmente se dio cuenta de que no podía forzarse a sí misma a ser heterosexual y aprendió a adaptarse a ser madre y abiertamente gay, pero fue un proceso.

Sabíamos que no podíamos ser solo amigas. Nuestro amor no era amor de "amistad"; era una conexión más profunda y romántica. Seguimos reconectando la una con la otra y queríamos estar juntas de por vida.

Hemos estado juntas desde el 2006 y nos casamos en 2008. Hemos educado y cuidado a nuestra hija, una hermosa joven que ahora es una joven adulta. Hemos sido la porrista, la mejor amiga, y la roca una de la otra. Fuimos afortunadas de haber tenido una base sólida desde el principio que nos ha ayudado a superar todos los altibajos de nuestra vida juntas.

Encontramos el amor de Dios y no permitiremos que nadie robe nuestra fe. Seguimos en contacto con Dios y escuchando y viviendo su palabra.

Actualmente estamos involucradas en nuestra parroquia

Apéndice A: Historias de Católicos LGBTQ

local católica donde hemos liderado un ministerio LGBTQ para nuestra comunidad hispana, el primero en nuestra ciudad. Hemos sido bendecidas por tener el apoyo de nuestro pastor y nuestra comunidad.

GREG D. BOURKE Y MICHAEL DE LEÓN[1]

Era un momento y lugar muy improbable, pero el 20 de marzo de 1982, Michael y yo nos conocimos en el único bar gay en Lexington, Kentucky. Ambos en nuestros veintes y estudiantes de la Universidad de Kentucky, nos embarcaríamos en una relación que ahora abarca casi cuarenta años. Ambos católicos de nacimiento, algunos de los primeros momentos que pasamos juntos fueron simplemente practicando nuestra fe en Misa. A pesar de ser una pareja abiertamente gay en un ambiente social hostil y, a veces, en una Iglesia poco acogedora, permanecimos dedicados a nuestra fe, manteniéndola en el centro de la relación y de nuestras vidas.

En 1987, nos unimos a la parroquia católica Nuestra Señora de Lourdes, a menos de dos cuadras de nuestra casa recién comprada en Saint Matthews, Kentucky. Como miembros abiertamente gay de la parroquia, se nos ha considerado novedad, o hasta pioneros, en la parroquia. Hemos estado activos en muchos ministerios en Lourdes durante décadas: consejo parroquial, comité de adoración, liderazgo de Boy Scouts y Girl Scouts, ministros extraordinarios de la comunión, entrenadores de fútbol, mantenimiento de jardines, coro de resurrección, ministerio de hospitalidad, comité de administración y más.

En 1999, nuestra familia se expandió con la adopción de nuestro primer hijo, seguida por una segunda adopción en el año 2000. Nuestros hijos fueron bautizados en Lourdes y luego asistieron a la escuela primaria parroquial. Recibieron sus otros sacramentos de confirmación en Lourdes y luego asistieron a escuelas secundarias católicas en Louisville. Sorprendentemente, nuestra familia católica fue recibida y tratada con gran respeto y dignidad por casi todas las personas con las que hemos convivido en la Arquidiócesis de Louisville a lo largo de los años.

Michael y yo nos casamos legalmente en 2004, en Ontario, Canadá, y hemos participado en una variedad de iniciativas para promover la igualdad y la inclusión LGBTQ. Estos esfuerzos fueron mucho más allá de la Iglesia, como miembros fundadores de nuestros respectivos grupos de recursos para empleados LGBTQ en nuestros trabajos en General Electric y Humana. Michael y yo fuimos miembros fundadores del Consejo de Ex Alumnos de la Universidad de Kentucky Pride Cats, y yo fui miembro fundador del Consejo de Ex Alumnos de la Universidad de Louisville Pride. También he sido miembro durante mucho tiempo de GALA-ND/SMC, el grupo de exalumnos LGBTQ de la Universidad de Notre Dame.

Recientemente, Michael y yo establecimos la primera beca dotada específicamente para estudiantes católicos LGBTQ en la Universidad de Louisville. También nos asociamos con un pequeño grupo de feligreses de Lourdes para lanzar Lourdes Pride, el primer ministerio LGBTQ patrocinado por una parroquia en la Arquidiócesis de Louisville. Ha sido muy bien recibido y el ministerio tiene un futuro muy brillante en Lourdes y para potencialmente influir en otros ministerios en toda la región.

EL PADRE GREGORIO GREITEN

¡Bendiciones!
He predicado muchas homilías y escrito numerosos artí-

Apéndice A: Historias de Católicos LGBTQ

culos. Nadie realmente parecía poner atención en lo absoluto. Sin embargo, hace algunos años, en el tercer domingo de Adviento, agregué dos palabras a mi homilía: "¡Soy gay!". Déjame decirte que ese fin de semana, la gente puso atención y la noticia de esa homilía se difundió rápidamente. En esa homilía, compartí que estaba eligiendo no vivir más mi vida en secreto, sino abrazar una vida de honestidad, integridad y autenticidad. Más tarde ese mes, la edición en línea del *National Catholic Reporter (NCR)*, un periódico católico, publicó mi historia: "El párroco que rompe el silencio y comparte que es gay". El artículo se convirtió en un artículo importante de NCR por todo el año siguiente.

Nunca me imaginé que mi historia iba a tocar la vida y el corazón de personas de todo el mundo. A las pocas horas de la publicación de la historia, hubo una respuesta abrumadoramente positiva tanto a nivel nacional como internacional: Escocia, Nueva Zelanda, Australia, Canadá, Reino Unido, Argentina, Colombia, Honduras, México, Polonia, Alemania, Italia, Nigeria y Uganda. Me conmovieron profundamente los correos electrónicos, mensajes de texto, cartas y tarjetas de personas LBGTQ+, así como de sus padres, amigos y aliados. Este artículo fue retomado por otras publicaciones y ha sido traducido al alemán, polaco, español e italiano.

Algunas de las respuestas que recibí incluyen las siguientes:

Una llamada de un sacerdote de noventa años que no tenía conexión a internet, pero leyó mi historia en la versión impresa de NCR. También es un sacerdote gay y célibe que ha vivido toda su vida en el armario. Me llamó para agradecerme por escribir el artículo. Estaba extremadamente orgulloso de que un sacerdote más joven estuviera dispuesto a romper el silencio, hablar y "salir del armario". Se dio cuenta de que decir su verdad simplemente no era una opción para él durante sus años ministeriales. Compartió que le dio una gran esperanza para el futuro.

Católicos LGBTQ

El padre James Martin, SJ, quien es una voz increíble para la comunidad LGBTQ+ en la Iglesia católica, escribió: "Este sacerdote es un pionero".

Una persona en Nueva Zelanda escribió: "Estoy muy orgulloso de ti por tu decisión de ser abierto sobre como Dios te creo, y emocionado por lo mucho que esto podría significar para los católicos LGBT que se han sentido y aún se sienten marginados por su propia Iglesia. Rezo para que, sea cual sea la orientación que Dios les ha dado a mis hijos, su Iglesia los reciba y los abrace".

Un antiguo alumno mío escribió: "Yo asistí a St. Mary's School cuando era un niño y usted era nuestro sacerdote. Leer sobre su salida del armario en las noticias nacionales hoy es una de las cosas más reconfortantes que he leído en mucho tiempo. Hace unos meses, salí del clóset y me sentí absolutamente conmocionado y honrado cuando mi familia muy católica me aceptó y me hizo sentir amado. Solo espero que haya recibido usted el mismo amor….Realmente me da esperanza que haya podido hacer esto; es un verdadero faro de luz para mí. Gracias por su ejemplo, no solo cuando era niño sino también hoy".

Finalmente, la mamá de un chico de diecisiete años, que salió del clóset cuando tenía doce años, escribió: "Le dije que estaba orgullosa de él, que lo amaba y que siempre lo apoyaría….Mi tía compartió toda su vida adulta con una mujer a la que amaba mucho y a la que se dedicó hasta la muerte. Ella solo salió del armario con unas cuantas personas. Como católica devota, creo que estaba dividida entre quién era y lo que pensaba la iglesia al respecto….Desearía que ella hubiera vivido para leer su artículo".

Solo puedo seguir repitiendo: ¡Sé la persona que Dios te creó para ser! Vive tu verdad. Comparte tu verdad con los demás. Jesús nos recuerda que "la verdad os hará libres" (Juan 8, 31–32; NVI).

Apéndice B

EJEMPLOS DE DECLARACIONES DE MISIÓN/VISIÓN

MINISTERIO PARROQUIAL PARA CON CATÓLICOS LGBTQ

La Misión de Ágape

Ágape es un ministerio inclusivo que ofrece un ambiente seguro y de bienvenida para todos (personas LGBT+, padres, aliados heterosexuales, personas religiosas y no religiosas). A través de nuestro bautismo hemos sido empoderados a vivir una vida de discipulado dentro de nuestra comunidad católica. El ministerio ofrece cuidado pastoral escuchando las experiencias vividas de las personas mientras nos acompañamos unos a otros en nuestro camino de fe. Arraigados en el evangelio de Jesucristo, estamos llamados a modelar el amor incondicional de Dios y aceptarnos unos a otros como hijos de Dios.[1]

SIN BARRERAS A CRISTO

Reconocemos que Dios nos creó a todos a Su imagen, cada uno de nosotros singular, especial y maravillosamente único. Luego, Dios envió a Su hijo para enseñarnos a cuidarnos y amarnos unos a otros como nos amamos a nosotros mismos. Este es un ministerio para nuestros hermanos y hermanas lesbianas, gay, bisexuales y transexuales, sus familias y amigos.[2]

MINISTERIO PARROQUIAL PARA LOS PADRES DE CATÓLICOS LGBTQ

Siempre Serán Nuestros Hijos

Siempre Serán Nuestros Hijos es un grupo de apoyo para padres y seres queridos de lesbianas y gays, basado en el documento escrito por el Comité de los Obispos sobre el Matrimonio y la Familia. Nos reunimos en un ambiente seguro y confidencial para compartir nuestras experiencias como padres y amigos con hijos lesbianas y gays en un contexto católico.[3]

MINISTERIOS ARQUIDIOCESANOS

El Ministerio con Personas Lesbianas y Gay de la Arquidiócesis de Los Ángeles (CMLGP)

Creyendo que el bautismo empodera a todas las personas para vivir una vida católica plena en unión con todos los miembros de la Iglesia, el Ministerio Católico con Personas Lesbianas y Gay proporciona un ambiente seguro y acogedor para lesbianas y gays, sus amigos y familiares, a través de la liturgia, la divulgación, la educación y el compañerismo.

Apéndice B: Ejemplos de Declaraciones de Misión/Visión

Lo Que Hacemos

Enseñamos en escuelas, parroquias y conferencias, educando y dialogando sobre la inclusión y aceptación de gays y lesbianas en todos los aspectos de la vida de la Iglesia. Somos un recurso ideal para catequistas y padres.

Ayudamos a las parroquias a llegar a su rebaño de lesbianas y gays ayudándoles a organizar y dirigir un ministerio de alcance en los márgenes. Contamos con recursos y expertos que ayudarán a su parroquia a iniciar una comunidad acogedora e inclusiva.

Realizamos eventos y festivales de alcance para gays y lesbianas, brindando recursos para encontrar comunidades católicas de bienvenida y prestando un oído atento a aquellos que se sienten marginados por la Iglesia que aman.

Nuestros grupos de padres brindan apoyo y asesoramiento a las familias que luchan por aceptar a sus seres queridos que se han declarado gay o lesbianas.[4]

El Ministerio para Familias y Amigos de Católicos Gays y Lesbianas de la Diócesis de San Bernardino

Misión

La Comisión del Obispo de la Diócesis de San Bernardino brinda información y recursos a la comunidad católica LGBT. La Comisión apoya a los católicos LGBT, sus familias, amigos y parroquias mientras todos caminamos juntos en nuestro camino como discípulos de Cristo. Reconocemos que todos los hijos de Dios tenemos dones y somos llamados para un propósito en el diseño de Dios.[5]

Católicos LGBTQ

Declaración de la Visión

Los principales objetivos de la Comisión Episcopal son ayudar a todos a:

- Comprender cómo ser más inclusivo y llegar a los demás.
- Apoyar a los católicos LGBT, sus familias y amigos.
- Educar a las comunidades parroquiales para que incluyan el cuidado pastoral de los católicos LGBT.
- Darse cuenta de que todos son bienvenidos a la mesa del Señor.

MINISTERIOS POR ÓRDENES RELIGIOSAS

El Colaborativo Marianista de Justicia Social (MSJC)

La Iniciativa LGBT

Trabajar para que la familia marianista y la comunidad en general sean más acogedoras e inclusivas con las personas LGBT.

Nuestra Misión

La Iniciativa LGBT (Lesbianas, Gays, Bisexuales, Transgénero), un equipo temático del MSJC, responde al llamado de la Iglesia a ser acogedor y compasivo al ofrecer cuidado pastoral efectivo y apoyo espiritual para los católicos LGBT y sus

Apéndice B: Ejemplos de Declaraciones de Misión/Visión

familias. Fomentamos el diálogo, la educación y la comprensión entre las diversas comunidades e instituciones afiliadas a la familia marianista. Nuestro objetivo es dar la bienvenida a nuestros miembros LGBT marianistas en todos los aspectos de nuestras comunidades. A través de nuestro trabajo, esperamos que la familia marianista se convierta en un testimonio profético para la Iglesia y el mundo sobre cómo dar la bienvenida a las personas LGBT y a sus dones.[6]

UNIVERSIDADES

Imago Dei

Misión

Estamos aquí para aquellas personas LGBTQ que todavía están celebrando su fe católica y para aquellos que anhelan regresar.

También estamos aquí para familias y amigos que desean comprender y apoyar a sus seres queridos que son LGBTQ.

¡TODOS SON BIENVENIDOS!
¡BIENVENIDO A CASA![7]

Apéndice C
EJEMPLOS DE ORACIONES

ORACIÓN DE LOS PADRES

Te damos gracias, O Dios, por el regalo que nos das en cada uno de nosotros. Danos valor,
entendimiento y el saber apreciar nuestro caminar hacia ti. Danos la serenidad para entender a todos tus hijos
e hijas muy queridos por ti, que has encomendado a nuestro cuidado. Haz que podamos aceptar tu voluntad
para sus vidas. Que la oscuridad, que nos rodea se convierta
en luz.
Señor, abre los ojos y corazones de todos los padres y madres que han abandonado a sus hijos por ser diferentes. Haz que tus hijos e hijas que han dejado la Iglesia puedan volver a casa. Ayuda a todos los líderes de tu
Iglesia para que puedan demostrar amor y comprensión a
estos tus hijos e hijas.

Apéndice C: Ejemplos de Oraciones

Dios de amor, ponemos en tus manos nuestros pensamientos y nuestras dudas, nuestros errores y puntos
de vista, nuestros planes y nuestra confusión;
Ayúdanos a
continuar en tu camino, porque nuestra paz está en hacer
tu voluntad.
Amén.[1]

TÚ CONOCES MI VOZ

Señor, tú eres mi Pastor, el que conoce mi voz, me reconoces y me llamas por mi nombre. Me levantas, me sostienes y me alimentas. Me das fuerza cuando estoy débil, me curas cuando estoy enfermo y vendas todas mis heridas. Señor, tú eres mi Pastor, el que refresca mi alma, me invita a la mesa y me recibes para vivir en tu hogar.
Yo soy tu hijo(a) homosexual, bautizado en tu rebaño, oh Señor. Mi familia y yo te pedimos Pastores aquí en la Tierra, en nuestra Iglesia y entre nosotros, quienes como tú, nos conocen, nos alimentan, nos cuidan y nos invitan a tu mesa. Amén.[2]

NOTAS

CAPÍTULO 2

1. Para un análisis y recomendaciones de cincuenta líderes católicos laicos sobre la crisis de abuso sexual en la Iglesia, consulte el documento de la "Iniciativa Sobre el Pensamiento Social Católico y Vida Pública" de la Universidad de Georgetown, "Report of the National Convening on Lay Leadership for a Wounded Church and Divided Nation", Georgetown University, consultado el 4 de noviembre de 2019, https://catholicsocialthought.georgetown.edu/publications/report-of-the-national-convening-on-lay-leadership-for-a-wounded-church-and-divided-nation. Para un análisis del abuso sexual en la Iglesia, vea Yunuen Trujillo, "Clerical Sexual Abuse: Religious Institutions Must Have a Pentecost Moment and They Must Have It Now", Berkley Forum, Georgetown University, consultado el 25 de septiembre de 2019, https://berkleycenter.georgetown.edu/responses/clerical-sexual-abuse-religious-institutions-must-have-a-pentecost-moment-and-they-must-have-it-now.

CAPÍTULO 3

1. Conferencia Nacional de Obispos Católicos, Pastoral Letters of the United States Catholic Bishops, vol. VI, Patrick W. Carey (ed.), págs. 840–50 (Washington, DC: United States Catholic Conference, 1998).

2. Para ver ejemplos de declaraciones de misión de algunos ministerios LGBTQ existentes, consulte el Apéndice B.

3. Para ejemplos de oraciones utilizadas por algunos ministerios LGBTQ existentes, consulte el Apéndice C.

4. Dichos temas pueden incluir autoestima, festividades de la Iglesia, talentos o dones dados por Dios, temas de crecimiento personal, justicia social, las siete virtudes cardinales, castidad, María, historia y retos de las personas LGBTQ, oración, vocación profesional y religiosa, resolución de conflictos, el discernimiento, el perdón, y los santos.

5. Para ver ejemplos de declaraciones de misión/visión de ministerios existentes, consulte el Apéndice B.

6. Para ver ejemplos de declaraciones de misión de ministerios diocesanos/arquidiocesanos, consulte el Apéndice B.

7. Consulte ILGA World: el Mapa de la Asociación Internacional de Lesbianas, Gays, Bisexuales, Trans e Intersex sobre leyes de orientación sexual: https://ilga.org/es/mapas-legislacion-sobre-orientacion-sexual, consultado el 25 de agosto, 2023.

8. "LGBT Initiative", Marianist Social Justice Collaborative, sitio web, consultado el 4 de noviembre de 2020, https://msjc.net/lgbt-initiative.

9. "San Damiano Retreat", The Franciscan Friars, sitio web, consultado el 8 de noviembre de 2020, https://sandamiano.org. Consulte también "You Are Wonderfully Made", The Franciscan Friars, consultado el 8 de noviembre de 2020, https://sandamiano.org/wp-content/uploads/2019/05/2020-June-Deacon-Ray-Dever-Weekend2.pdf.

10. "Imago Dei", sitio web, consultado el 4 de noviembre de 2020, https://imagodeilv.wixsite.com/home.

11. Michael J. Bayly , *Creating Safe Environments for LGBT Students: A Catholic Schools Perspective* (Nueva York: Routledge, 2012).

12. Sitio web de "Fortunate Families", consultado el 8 de enero de 2019, https://fortunatefamilies.com.

13. https://www.usccb.org/issues-and-action/human-life-and-dignity/homosexuality/upload/siempre-seran-nuestros-hijos.pdf.

14. Sitio web de "Fortunate Families".

15. "New Ways Ministry", sitio web, consultado el 8 de enero de 2019, https://www.newwaysministry.org.

16. "Misión, valores y objetivos de GNRC", sitio web de Global Network of Rainbow Catholics, accedido el 10 de enero de 2020, https://rainbowcatholics.org/mission-ethos-values/.

17. Sitio web de "Red Global de Católicos Arcoíris", GNRC, con-

Notas

sultado el 10 de enero de 2020, http://rainbowcatholics.org.

18. Ya desde la década de 1970, el primer borrador de la "Declaración de posición y propósito" de Dignity incluía lo siguiente: "Creemos que la homosexualidad es una variación natural del uso del sexo. No implica enfermedad o inmoralidad. Aquellos con tal orientación sexual tienen el derecho natural de usar su poder sexual de una manera responsable y satisfactoria… y deben usarlo con un sentido de orgullo". Si bien el entendimiento del concepto de orientación sexual ha avanzado con el tiempo, en la década los 70s, esta declaración fue revolucionaria ya que provenía de un ministerio de la Iglesia. Consulte el sitio web de "DignityUSA", https://www.dignityusa.org.

19. Sitio web de "DignityUSA", consultado el 12 de enero de 2020.

20. Sitio web de "Courage International", consultado el 12 de enero de 2020, https://couragerc.org.

21. Proyecto What We Know, Universidad de Cornell, "What Does the Scholarly Research Say about Whether Conversion Therapy Can Alter Sexual Orientation Without Causing Harm?" (revisión de literatura en línea), 2016, https://whatweknow.inequality.cornell.edu.

22. "Conversion 'Therapy' Laws", Movement Advancement Project, sitio web, consultado el 15 de septiembre de 2021, https://www.lgbtmap.org/equality-maps/conversion_therapy.

CAPÍTULO 4

1. Este capítulo se enfoca en la doctrina de la Iglesia que aplica a los católicos LGBTQ y no es una discusión exhaustiva. Hay muchos grandes escritores católicos que han hecho un excelente trabajo al explicar la doctrina. Mi tarea, aquí, es proporcionar un resumen general de los puntos principales de doctrina de la Iglesia, destacando los elementos que a menudo son ignorados cuando se habla de temas LGBTQ, y comenzando un diálogo para promover la sensibilidad pastoral en áreas de doctrina que son comúnmente interpretadas y aplicadas de manera discriminatoria. Este capítulo está destinado a ser fácil de entender para cualquier laico y está escrito principalmente

desde mi perspectiva como católica y como Coordinadora de Programas de Educación Religiosa.

2. *Catecismo de la Iglesia Católica* (CCC) nn. 74–100, https://www.vatican.va/archive/catechism_sp/index_sp.html, consultado el 20 de agosto de 2023.

3. Cf. Robert P. Maloney, CM, "Ten Foundational Principles in the Social Teaching of the Church", *Vincentiana* 43, no. 3 (1999), https://via.library.depaul.edu/cgi/viewcontent.cgi?referer=&httpsredir=1&article=2478&context=vincentiana.

4. La mujer estaba casi siempre bajo la protección y autoridad de un hombre: su padre, su marido, o un pariente varón de su marido, si era viuda. Las mujeres tenían poco acceso a la propiedad o la herencia, excepto a través de un pariente varón. Todo lo que produjera una mujer pertenecía a su marido. Los hombres podían divorciarse legalmente de una mujer por casi cualquier motivo, simplemente entregándole una orden judicial de divorcio. Sin embargo, una mujer no podía divorciarse de su marido.

5. Juan Pablo II, Carta Apostólica *Mulieris Dignitatem*, "Sobre la Dignidad y la Vocación de la Mujer en Ocasión del Año Mariano", 15 de agosto de 1988, nn. 12, 15, https://www.vatican.va/content/john-paul-ii/es/apost_letters/1988/documents/hf_jp-ii_apl_19880815_mulieris-dignitatem.html.

6. Juan Pablo II, *Mulieris Dignitatem*, n. 15.

7. "Sexual Orientation and Gender Identity Definitio ", Human Rights Campaign, consultado el 15 de febrero de 2020, https://www.hrc.org.

8. "El dominio de si [mismo] es una obra *que dura toda la vida*. Nunca se la considerará adquirida de una vez para siempre. Supone un esfuerzo reiterado en todas las edades de la vida (cf. Tt 2, 1–6). El esfuerzo requerido puede ser más intenso en ciertas épocas, como cuando se forma la personalidad, durante la infancia y la adolescencia". *Catecismo de la Iglesia Católica*, §2342.

9. "Los actos […] con los que los esposos se unen íntima y castamente entre sí son honestos y dignos, y, realizados de modo verdaderamente humano, significan y fomentan la recíproca donación, con la que se enriquecen mutuamente con alegría y gratitud" y "La fide-

Notas

lidad expresa la constancia en el mantenimiento de la palabra dada. Dios es fiel.... Por la castidad conyugal dan testimonio de este misterio ante el mundo". *Catecismo de la Iglesia Católica*, §2362 y §2365.

10. "Es necesario que todos y cada uno de los actos matrimoniales queden ordenados *per se* a la procreación de la vida humana.... La fecundidad es un don, un fin del matrimonio, pues el amor conyugal tiende naturalmente a ser fecundo", *Catecismo de la Iglesia Católica*, §2366. Ver también §§2332, 2335, 2363 y 2366–79.

11. Las cuatro virtudes cardinales clásicas del cristianismo son la templanza, la prudencia, la fortaleza y la justicia. El cristianismo deriva las tres virtudes teologales de fe, esperanza y amor (caridad) de 1 Corintios 13. Juntas, estas forman las siete virtudes.

12. Históricamente, la investigación científica se ha centrado principalmente en estudiar a hombres y no a mujeres. La mayoría de los trabajos de investigación también se han realizado con base en países occidentales y no orientales. Las muestras de investigación son pequeñas y limitadas. Además, la mayoría de la investigación hecha solo incluye a personas que ya se identifican como no heterosexuales, omitiendo a las muchas que todavía están en el armario, aquellas que son muy reservadas sobre su sexualidad, aquellas que aceptan su orientación, pero nunca han actuado en consecuencia y/o aquellas que todavía están cuestionando su orientación.

13. "Our Issue", True Colors United, consultado el 10 de febrero de 2021, https://truecolorsunited.org.

14. "Missed Opportunities: Youth Homelessness in America", Voices of Youth Count, consultado el 10 de febrero de 2021, https://voicesofyouthcount.org.

15. "Our Issue", True Colors United, consultado el 10 de febrero de 2021, https://truecolorsunited.org.

16. "JLGBTQ+ Youth at Increased Risk of Human Trafficking, New Survey Says", Hermanas Católicas de EE. UU. Contra la Trata de Personas, consultado el 10 de febrero de 2021, https://sistersagainsttrafficking.org.

17. "Publications", Family Acceptance Project, consultado el 10 de febrero de 2021, https://familyproject.sfsu.edu.

18. Caitlin Rooney y Charlie Whittington, "Protecting Basic Living

Standards for LGBTQ People", Center for American Progress, consultado el 10 de febrero de 2021, https://www.americanprogress.org.

19. "New FBI Hate Crimes Report Shows Increases in Anti-LGBTQ Attacks", HRC, consultado el 10 de febrero de 2021, https://www.hrc.org.

20. Rebecca L. Stotzer , "Data Sources Hinder Our Understanding of Transgender Murders", *American Journal of Public Health*, consultado en septiembre de 2017, https://www.ncbi.nlm.nih.gov.

21. "100 Days Out: Trump v. Biden on LGBTQ Equality", HRC, consultado el 10 de febrero de 2021, https://www.hrc.org.

22. *Compendio de la Doctrina Social de la Iglesia*, #287, consultado el 10 de febrero de 2021, https://www.vatican.va/roman_curia/pontifical_councils/justpeace/documents/rc_pc_justpeace_doc_20060526_compendio-dott-soc_sp.html.

23. *Compendio de la Doctrina Social de la Iglesia*, #287.

24. El padre Chris Ponnet y Arthur Fitzmaurice, "Illuminating Church Teachings on Homosexuality—REC Handout", LGBTCatholics.org, consultado el 21 de enero de 2021, https://lgbtcatholics.files.wordpress.com/2019/03/illuminating-church-teachings-on-homosexuality-recongress2014-handout-3-04.pdf.

25. "List of LGBTQ-Related Church Employment Disputes", New Ways Ministry, consultado el 17 de febrero de 2021, https://www.newwaysministry.org.

26. "Sin embargo, la fe cristiana no es una «religión del Libro». El cristianismo es la religión de la «Palabra» de Dios, «no de un verbo escrito y mudo, sino del Verbo encarnado y vivo». Para que las Escrituras no queden en letra muerta, es preciso que Cristo, Palabra eterna del Dios vivo, por el Espíritu Santo, nos abra el espíritu a la inteligencia de las mismas (cf. Lc 24, 45)" (CCC §108).

27. "En la sagrada Escritura, Dios habla al hombre a la manera de los hombres. Por tanto, para interpretar bien la Escritura, es preciso estar atento a lo que los autores humanos quisieron verdaderamente afirmar y a lo que Dios quiso manifestarnos mediante sus palabras. Para descubrir *la intención de los autores sagrados* es preciso tener en cuenta las condiciones de su tiempo y de su cultura, los «géneros literarios» usados en aquella época, las

Notas

maneras de sentir, de hablar y de narrar en aquel tiempo. «Pues la verdad se presenta y se enuncia de modo diverso en obras de diversa índole histórica, en libros proféticos o poéticos, o en otros géneros literarios»". "Pero, dado que la sagrada Escritura es inspirada, hay otro principio de la recta interpretación, no menos importante que el precedente, y sin el cual la Escritura sería letra muerta: «La Escritura se ha de leer e interpretar con el mismo Espíritu con que fue escrita»" (CCC §§109–11).

28. Ver también: "No hay ninguna doctrina que sea mejor, más preciosa y más espléndida que el texto del Evangelio" (CCC §127).

29. Herbert Haag, A. van den Born, y S. de Ausejo, *Diccionario de la Biblia* (Barcelona, Herder Editorial, 1963).

30. Pickett, Brent, "Homosexuality", *Stanford Encyclopedia of Philosophy*, Universidad de Stanford, consultado el 10 de febrero de 2021, https://plato.stanford.edu.

31. Daniel A. Helminiak, *Lo que la Biblia Realmente Dice sobre la Homosexualidad* (Nuevo México: Alamo Square Press, 2000).

32. Pontificia Comisión Bíblica, "'Che cosa è l'uomo?' (Sal 8,5): Un itinerario di antropologia biblica", Librería Editrice Vaticano, 2019. La versión en línea se encuentra aquí: https://www.vatican.va/roman_curia/congregations/cfaith/pcb_documents/rc_con_cfaith_doc_20190930_cosa-e-luomo_it.pdf.

33. https://www.newwaysministry.org.

34. https://www.newwaysministry.org.

APÉNDICE A

1. Greg Bourke y Michael de León fueron una de las 14 parejas del mismo sexo y dos hombres viudos que formaron parte del caso de la Corte Suprema de Estados Unidos "Obergefell v. Hodges" que condujo a la legalización del matrimonio entre personas del mismo sexo en los Estados Unidos. Ellos son católicos de por vida.

Católicos LGBTQ

APÉNDICE B

1. Parroquia Católica San Juan Bautista, Ministerio Ágape, "Mission Statement", consultado el 1 de marzo de 2021, https://www.instgram.com/st.johnsbp.lgbt/?hl=en.
2. Parroquia Católica Sagrado Nombre de María, Sin Barreras a Cristo, "Mission Statement", consultado el 1 de marzo de 2021, https://www.hnmparish.org/ministries.html.
3. Arquidiócesis de Los Ángeles, Ministerio de Padres Siempre Serán Nuestros Hijos, consultado el 1 de marzo de 2021, http://old.la-archdiocese.org/org/cmlgp/Pages/groups.aspx.
4. Arquidiócesis de Los Ángeles, "Catholic Ministry with Lesbian and Gay Persons", consultado el 1 de marzo de 2021, http://cmlgp.org.
5. Diócesis de San Bernardino, Ministerio a Familias y Amigos de Católicos Gays y Lesbianas, "Mission Statement", consultado el 1 de marzo de 2021, https://mfglc.wordpress.com.
6. Marianist Social Justice Collaborative, "LGBTQ Initiative", consultado el 4 de noviembre de 2020, https://msjc.net/lgbt-initiative.
7. Imago Dei, "Mission Statement", consultado el 4 de Noviembre de 2020, https://imagodeilv.wixsite.com/home.

APÉNDICE C

1. Compuesto por los padres miembros del Ministerio Católico con Personas Lesbianas y Gays de la Arquidiócesis de Los Ángeles © 1996. Usado con autorización.
2. Por Lynette Aldapa de *Comunidad*, el ministerio de alcance con gays y lesbianas en la parroquia de San Mateo en Long Beach, California, parte del Ministerio Católico con Personas Lesbianas y Gays de la Arquidiócesis de Los Ángeles © 1996. Usado con autorización.

BIBLIOGRAFÍA

DOCUMENTOS DE LA IGLESIA

Catecismo de la Iglesia Católica. Washington, DC: United States Catholic Conference, 1994.

Congregación para la Doctrina de la Fe. "Carta a los Obispos de la Iglesia Católica sobre la Atención Pastoral a las Personas Homosexuales", 1986. https://www.vatican.va/roman_curia/congregations/cfaith/documents/rc_con_cfaith_doc_19861001_homosexual-persons_sp.html.

Juan Pablo II, Carta Apostólica *Mulieris Dignitatem*, "Sobre la Dignidad y la Vocación de la Mujer en Ocasión del Año Mariano". Vaticano: Libreria Editrice Vaticana, 15 de agosto de 1988. https://www.vatican.va/content/john-paul-ii/es/apost_letters/1988/documents/hf_jp-ii_apl_19880815_mulieris-dignitatem.html.

Juan Pablo II. "Carta del Papa Juan Pablo II a las Mujeres" Vaticano: Libreria Editrice Vaticana, 1995. https://www.vatican.va/content/john-paul-ii/es/letters/1995/documents/hf_jp-ii_let_29061995_women.html.

Conferencia Nacional de Obispos Católicos (NCCB). *Para Vivir en Cristo Jesús*. Washington, DC: United States Catholic Conference, 1976.

Conferencia Nacional de Obispos Católicos (NCCB). "Siempre Serán Nuestros Hijos: Un Mensaje Pastoral a Los Padres con Hijos Homosexuales y Sugerencias para Agentes Pastorales". Washington, DC: United States Catholic Conference, 1998. https://www.usccb.org/issues-and-action/human-life-and-dignity/homosexuality/upload/siempre-seran-nuestros-hijos.pdf.

Pontificio Consejo "Justicia y Paz". *Compendio de la Doctrina Social de la Iglesia*. Vaticano: Libreria Editrice Vaticana, 2004. https://

www.vatican.va/roman_curia/pontifical_councils/justpeace/documents/rc_pc_justpeace_doc_20060526_compendio-dott-soc_sp.html.

Pontificia Comisión Bíblica, "'Che Cosa E L'uomo' (Sal 8,5): Un itinerario di antrologia bíblica". Vaticano: Libreria Editrice Vaticana, 30 de septiembre de 2019. https://www.vatican.va/roman_curia/congregations/cfaith/pcb_documents/rc_con_cfaith_doc_20190930_cosa-e-luomo_it.pdf.

Conferencia Nacional de Obispos Católicos (NCCB). "Sexualidad Humana: Una Perspectiva Católica para la Educación y el Aprendizaje de Por Vida". Washington, DC: United States Catholic Conference, 1991.

Conferencia de Obispos Católicos de Estados Unidos (USCCB). "Ministerio a las Personas con Inclinación Homosexual: Directrices para la Atención Pastoral". Washington, DC: United States Catholic Conference, 2007. https://www.usccb.org/resources/Ministerio-a-las-personas-con-inclinacion-homosexual_0.pdf.

LIBROS

Bayly, Michael J. *Creating Safe Environments for LGBT Students: A Catholic Schools Perspective.* Nueva York: Routledge, 2012.

Haag, Herbert, Adrianus van den Born, and Serafín de Ausejo. *Diccionario de la Biblia.* Barcelona, España, Herder Editorial, 1963.

Helminiak, Daniel, *Lo Que la Biblia Realmente Dice Sobre la Homosexualidad,* Madrid: Editorial Egales, S.L. 2nd Edición, 2011.

Martin, SJ, James. *Tender Un Puente: Cómo la Iglesia Católica y la Comunidad LGBTI pueden entablar una relación de Respeto, Compasión y Sensibilidad.* Lyndhurst: Lectorum Publications, Inc, 2019.

ARTÍCULOS

DeBernardo, Francis (ed.). "Employees of Catholic Institutions Who Have Been Fired, Forced to Resign, Had Offers Rescinded, or

Bibliografía

Had Their Jobs Threatened Because of LGBT Issues". New Ways Ministry. 22 de junio de 2020. https://www.newwaysministry.org.

Human Rights Campaign. "100 Days Out: Trump v. Biden on LGBTQ Equality in the Workplace". 23 de julio de 2020. https://www.hrc.org.

Human Rights Campaign. "Sexual Orientation and Gender Identity Definitions". https://www.hrc.org.

Initiative on Public Thought and Life. "Report on National Convening on Lay Leadership for a Wounded Church and Divided Nation". Georgetown University, 14–15 de junio de 2019, https://catholicsocialthought.georgetown.edu.

Maloney, CM, Robert P. "Ten Foundational Principles in the Social Teaching of the Church". *Vincentiana* 43, no.3 (1999). https://via.library.depaul.edu.

Pickett, Brent. "Homosexuality". In *The Stanford Encyclopedia of Philosophy* (Spring 2021 Edition). Edited by Edward N. Zalta. https://plato.stanford.edu.

Ponnet, Chris, and Arthur Fitzmaurice. "Illuminating Church Teachings on Homosexuality". Religious Education Congress. 14 de marzo de 2014. https://lgbtcatholics.files.wordpress.com/2019/03/illuminating-church-teachings-on-homosexuality-recongress2014-handout-3-04.pdf.

Ronan, Wyatt. "New FBI Hate Crimes Report Shows Increases in Anti-LGBTQ Attacks". 17 de noviembre de 2020. https://www.hrc.org.

Rooney, Caitlin, Charlie Whittington, and Laura E. Durso. "Protecting Basic Living Standards for LGBTQ People". Center for American Progress. 13 de agosto de 2018. https://www.americanprogress.org.

Sonoma, Serena. "LGBTQ+ Youth at Increased Risk of Human Trafficking, New Survey Says". *Out*. 2 de noviembre de 2019. https://www.out.com.

Stotzer, Rebecca L. "Data Sources Hinder Our Understanding of Transgender Murders". American Journal of Public Health 107, no. 9 (2017): 1362–63. https://www.ncbi.nlm.nih.gov/pmc/articles/PMC5551619/.

Trujillo, Yunuen. "Clerical Sexual Abuse: Religious Institutions Must Have a Pentecost Moment and They Must Have It Now". Berkley Center for Religion, Peace, and World Affairs, Georgetown University. 25 de septiembre de 2019. https://berkleycenter.georgetown.edu.

Voices of Youth Count. "Missed Opportunities: Youth Homelessness in America". Chapin Hall, University of Chicago, 2017. https://voicesofyouthcount.org.

SITIOS WEB/REDES SOCIALES

"Siempre Serán Nuestros Hijos: Un mensaje pastoral a los padres con hijos homosexuales y sugerencias para agentes pastorales". https://www.usccb.org/issues-and-action/human-life-and-dignity/homosexuality/upload/siempre-seran-nuestros-hijos.pdf.

Arquidiócesis de Los Ángeles: Catholic Ministry with Lesbian and Gay Persons. http://cmlgp.org.

Courage International. https://couragerc.org.

DignityUSA. https://www.dignityusa.org.

Diocese of San Bernardino: Ministry to Families & Friends with Gay & Lesbian Catholics. https://mfglc.wordpress.com.

Fortunate Families. https://fortunatefamilies.com.

Red Global de Católicos Arcoíris. http://rainbowcatholics.org.

Marianist Social Justice Collaborative: LGBT Initiative. https://msjc.net/lgbt-initiative.

New Ways Ministry. https://www.newwaysministry.org.

San Damiano Retreat. https://sandamiano.org.

San Francisco State University: Proyecto de Aceptación Familiar. https://familyproject.sfsu.edu.

St. John the Baptist Roman Catholic Church, Baldwin Park, California: Instagram del Ministerio Ágape: https://www.instagram.com/st.johnsbp.lgbt/?hl=en.

St. Thomas Aquinas Catholic Newman Center, Las Vegas, Nevada: Imago Dei. https://imagodeilv.wixsite.com.

True Colors United, Inc. https://truecolorsunited.org.